밤이 당신에게 남긴 것들

꿈 일기와 필사로 깨어나는 30일

밤이 당신에게 남긴 것들

꿈 일기와 필사로 깨어나는 30일
AWAKENING THROUGH DREAM WRITING

문심춘 지음

GRUKAN

꿈은 우리 각자에게 주어진

가장 개인적이면서도

가장 보편적인 선물입니다.

C.G. Jung

저는 20년 동안 꿈을 기록해왔습니다.

그런데 20년이 지난 지금도, 저는 여전히 제 꿈이 무엇을 말하는지 정확히 알지 못합니다.

처음 꿈 일기를 시작했을 때, 저는 융 심리학을 공부하는 학생이었습니다.

꿈을 적고, 상징을 분석하고, 이론을 적용했습니다. 저는 꿈을 이해하려 했습니다.

하지만 어느 순간부터 **꿈이 저를 이해하기 시작했습니다.**

제가 외면했던 것들이 꿈속에서 형태를 얻었습니다.

잊고 있던 감정,

알아차리지 못한 욕구,

 애써 덮어두었던 상처들,

꿈은 제게 "당신이 보지 못한 것"을 보여주었습니다.

그 과정은 불편했습니다.

때로는 고통스러웠습니다.

하지만 그 불편함 속에서 저는 조금씩 온전해졌습니다.

오랜 시간 분석을 받아오고 공부하고 있지만, 저는 여전히 꿈을 대할 때 초보자입니다.

매번 새롭습니다.

카를 융의 기록을 읽으며 저는 놀랐습니다.

그의 내담자들도 마찬가지였습니다.

그들은 "꿈이 무엇을 의미하느냐?"라고 물었습니다. 융은 대답하지 않았습니다.

대신 함께 꿈을 들여다보았습니다.

그러면 그들은 스스로 답을 찾기 시작했습니다.

융이 말하지 않은 것을, 융도 알지 못하는 것을,

그들의 무의식이 그들에게 말을 걸었습니다.

꿈은 우리가 의식적으로 알지 못하는 것을 압니다.

우리가 외면한 상처,

억눌린 분노,

말하지 못한 슬픔을.

그리고 우리 안에 숨어 있는 치유의 힘까지도.

이 책은 제가 오랜 분석의 경험 속에서 배운 것들을 당신과 나누기 위해 만들었습니다.

하지만 이것은 꿈을 해석하는 책이 아닙니다.
오히려 그 반대입니다.
이것은 해석을 멈추고, 듣기 시작하는 책입니다.

하루 10분, 꿈을 적고, 그리고 필사하는 시간.

당신은 아마도 명확한 답을 얻지 못할 수도 있습니다.

하지만 어느 날 문득, 당신은 이전에는 외면했던 마음의 한 조각과
다시 연결된 자신을 발견할 것입니다.

치유는 이해가 아닙니다.
그것은 연결입니다.

이 책의 모든 질문은 실제 상담 현장과 분석 과정에서 사용되는 질문들입니다.
당신이 이 책을 펼치는 동안, 저는 한 사람의 동행자로 함께 있습니다.

융 심리학 연구자이자 상담심리사

문심춘

차례

밤이 당신에게 남긴 것들

꿈 기록과 필사로 깨어나는 30일

Part 1. 에로스의 길

꿈이 당신을 부를 때

당신은 매일 밤 꿈을 꿉니다.

높은 곳에서 떨어지는 꿈, 누군가에게 쫓기는 꿈, 오래전 친구를 만나는 꿈,

낯선 장소를 헤매는 꿈.

우리는 인생의 약 3분의 1을 잠으로 보냅니다. 매일 밤 여러 차례 꿈을 꿉니다.

그런데 아침에 깨어나면 어떤가요?

"이상한 꿈 꿨다"라고 말하며 금세 잊어버립니다.

손끝의 물처럼 흘러나가 버리는 꿈, 남는 것은 희미한 감정과 몇 조각의 이미지뿐입니다.

하지만 꿈은 사라지지 않습니다.

그것은 여전히 우리 안에서 무언가를 말하고 있습니다. 깨어 있을 때는 의식이 세상을

인식하지만, 잠드는 동안에는 무의식이 이미지와 상징의 언어로 우리에게 말을 겁니다.

그것은 우리가 의식하지 못하는 마음의 언어입니다.

잃어버린 자기 자신으로부터의 메시지입니다.

인류는 문명의 시작부터 꿈에 귀 기울였습니다.

고대 이집트인들은 꿈을 신들의 메시지로 여겼습니다. 그리스인들은 아스클레피오스 신전에서 치유의 꿈을 구했습니다. 우리나라에서도 삼국유사의 혁거세, 김유신의 꿈, 그리고 태몽의 전통까지—꿈은 단순한 잠꼬대가 아닌 의미 있는 메시지였습니다.

19세기 말, 지크문트 프로이트는 꿈을 "무의식으로 통하는 왕도"라고 불렀습니다. 그의 제자 카를 구스타프 융은 한 걸음 더 나아갔습니다. 꿈이 개인적 무의식뿐만 아니라 인류 전체가 공유하는 집단무의식과도 연결된 통로라고 본 것입니다.

현대 뇌과학은 이 고대의 직관이 정확했음을 증명합니다. 꿈꾸는 동안 우리 뇌의 창의성 영역이 활발해집니다. 화학자 케쿨레의 벤젠 고리, 멘델레예프의 원소주기율표, 폴 매카트니의 "Yesterday"—이 모든 것이 꿈에서 탄생했습니다.

이 책은 두 개의 길로 구성되어 있습니다.

융은 인간의 정신이 서로 다른 두 원리의 조화를 통해 완성된다고 보았습니다.
감정과 관계, 이미지와 직감의 영역인 에로스(Eros).
논리와 구조, 언어와 의미의 영역인 로고스(Logos).
이 두 기능이 균형을 이룰 때 진정한 개성화가 일어난다고 그는 말했습니다.

에로스는 그리스 신화에서 사랑과 욕망의 신이지만, 융 심리학에서는 관계 맺음, 연결, 느낌의 원리를 뜻합니다.

에로스는 분석하지 않고 느낍니다. 설명하지 않고 경험합니다.

꿈은 에로스의 언어입니다.

상징과 이미지로 이루어진 무의식의 이야기입니다. 논리를 넘어선 직관적 지혜의 발현입니다.

이 책의 Part 1에서 당신은 에로스의 방식으로 꿈과 만납니다. 하루 한 번 꿈을 적고, 연상을 따라가며, 그림이나 만다라로 표현합니다. 말로 설명할 수 없는 것을 형태와 색으로 만나는 시간입니다.

로고스는 말, 이성, 질서, 의미의 원리입니다.

로고스는 언어를 통해 세계를 이해하고, 구조를 만들며, 의미를 부여합니다. 꿈을 기록하고, 좋은 글을 필사하는 행위는 로고스의 작업입니다. 무정형의 감정과 이미지들을 언어라는 그릇에 담아 의식적으로 이해할 수 있는 형태로 변환하는 과정입니다.

이 책의 Part 2에서 당신은 로고스의 방식으로 내면과 만납니다. 하루 한 편의 문장을 필사하며, 그 문장이 마음속에서 울리는 감정을 따라갑니다.

에로스와 로고스는 대립하지 않습니다.
서로를 보완하며 하나의 전체를 이룹니다.
이미지 없는 언어는 생명력을 잃습니다.
언어 없는 이미지는 의미를 잃습니다.

융은 진정한 치유와 성장이 일어나려면 이 두 기능이 조화롭게 작용해야 한다고 강조했습니다. 이 다이어리에서 꿈 기록과 필사를 함께 실천하는 것은 바로 이러한 에로스와 로고스의 조화를 추구하는 것입니다. 밤에는 꿈의 이미지와 감정을 통해 무의식과 만나고, 낮에는 필사를 통해 그 경험을 언어로 정리하고 의미를 부여합니다.

꿈을 그리는 일과 문장을 쓰는 일이 함께할 때, 우리는 비로소 온전한 자기 자신과 만날 수 있습니다.

30일 후, 당신은 어디에 서 있을까요?

어쩌면 이 모든 질문에 대한 명확한 답을 얻지는 못할 것입니다. 하지만 당신은 조금 달라져 있을 것입니다.

자신의 무의식과 조금 더 가까워져 있을 것이고, 자신의 상처와 두려움을 새로운 시선으로 바라보게 될 것입니다. 그리고 무엇보다, 당신 안에서 조용히 말을 걸어오는 목소리를 듣는 법을 배우게 될 것입니다.

치유는 거대한 변화나 즉각적인 깨달음이 아닙니다.
그것은 단지, 이전에는 외면했던 마음의 한 조각과 다시 연결되는 일입니다.

이 책은 그 연결을 위한 도구입니다.
당신이 그 길을 걷는 동안, 저는 옆에서 한 사람의 동행자로 함께 있습니다.

이 책을 여는 법

전체 지도

이 책은 에로스의 길(Part 1)과 로고스의 길(Part 2)로 구성되어 있습니다.

Part 1은 꿈을 기록하고, 연상하고, 그림으로 표현하는 30일간의 여정입니다.
여기서 당신은 이미지와 느낌의 언어를 배웁니다.

Part 2는 문장을 필사하고, 질문에 답하며, 자유연상을 기록하는 30일간의 여정입니다.
여기서 당신은 언어와 의미의 구조를 통해 무의식을 의식으로 불러옵니다.

이 두 개의 길은 분리되어 있지 않습니다. 에로스와 로고스는 서로를 비추며, 하나의 전체를 이룹니다. 당신이 밤에 꿈을 그리고, 낮에 문장을 필사할 때, 당신의 내면은 두 언어를 동시에 배우며 자신을 온전하게 만들어 갑니다.

Part 1

꿈의 기록과
그리기

Recording and Painting the Dream:
Meeting the Language of the Unconscious

Part 1 사용법
꿈의 기록과 그리기

Part 1의 각 요일은 네 개의 페이지로 구성되어 있습니다.

첫 번째 페이지

꿈 기록하기

꿈이 기억나는 날, 잠에서 깨어난 직후 기억나는 장면들을 생생하게 적어보세요.

순서를 정확히 떠올리지 못해도 괜찮습니다. 흐릿한 이미지, 한 단어, 짧은 감정의 파편이라도 좋습니다. 꿈은 완성된 이야기가 아니라 당신의 내면이 보내는 신호이니까요.

꿈에 등장한 주요 상징도 간략히 적어두세요. 인물, 동물, 장소, 색, 사물—무의식이 보내는 신호들입니다.

어제의 나

꿈을 기록한 후, 그 전날 있었던 일들에 대한 기억이나 감정, 인상 남았던 것, 혹은 사소한 것들을 적어보세요.

꿈은 때때로 전날 있었던 것들을 상징의 모티브로 가져옵니다. 당신이 놓친 것들 안에서 당신 내면의 것들을 이해할 수 있게 해줍니다. 사소해 보이는 순간, 스쳐 지나간 감정, 별 것 아니라고 생각했던 일—그 모든 것이 꿈의 언어로 다시 찾아옵니다.

연상 적기

융의 네 가지 심리 기능을 따라 꿈을 탐색해보세요.

이 질문들은 모두 실제 분석 장면에서 사용되는 것들입니다.

1. 감각(Sensation): 꿈을 떠올릴 때 가장 먼저 어떤 느낌이 스쳤나요?

   꿈속에서 가장 선명했던 감각은 무엇인가요? 색, 빛, 소리, 냄새, 온도, 질감.

2. 감정(Feeling): 꿈에서 유독 강하게 살아 있었던 것은 무엇이었나요?

   그 에너지가 품고 있던 온도나 리듬은 어떤가요?

3. 사고(Thinking): 꿈속의 인물이나 장면은 나와 어떤 관계로 연결되어 있나요?

   논리로는 설명되지 않지만, 이상하게 이해되는 부분이 있나요?

4. 직관(Intuition): 이 꿈이 나의 어떤 시기, 감정, 혹은 과거의 나와 연결된 듯한가요?

   이 꿈이 전하려는 메시지나 조용한 방향감은 무엇인가요?

어떤 답을 써야 할지 고민하지 말고, 떠오르는 대로, 손이 가는 대로 적어보면 됩니다.

당신이 적는 문장은 모두 무의식의 언어로 번역된 당신 자신입니다.

자유연상

꿈에 나타난 상징들과 관련한 자신의 기억이나 경험을 자유롭게 적어보세요.

그것은 오래전 일일 수도 있고, 최근 일일 수도 있습니다. 그때의 기분이나 감정, 생각들을 자유롭게 적으세요. 당신의 경험과 기억 속에서 꿈의 상징은 고유한 의미가 있습니다. 정답은 없습니다. 오직 당신만의 연결이 있을 뿐입니다.

세 번째 페이지

꿈 그리기 또는 만다라

꿈에서 인상 깊었던 한 장면을 그리거나 색으로 표현해 보세요.

그림 실력은 중요하지 않습니다. 형태를 그려도 좋고, 색으로만 표현해도 좋습니다. 만다라 형태를 그려도 좋고, 그저 색으로만 가득 칠해도 좋습니다. 이 모든 것은 미술치료의 기법입니다. 색과 이미지만으로도 감정을 해소할 수 있고, 치료적입니다. 말로 표현할 수 없는 것들이 색과 형태를 통해 밖으로 나오면서, 마음은 자신을 돌봅니다.

만다라는 융이 말한 '자기(Self)'의 상징입니다. 내면의 중심을 되찾는 이미지입니다. 원형, 나선형, 기하학적 패턴 등 자유롭게 그려보세요. 한 가지 색만 사용해도, 여러 색을 섞어도 괜찮습니다.

네 번째 페이지

동행자의 말

마지막 페이지에는 상담 현장에서 내담자들에게 전하는 말들이 적혀 있습니다.

천천히 읽으며, 그 말이 오늘의 당신에게 어떻게 닿는지 느껴보세요. 이 책을 읽고 쓰고 그리는 동안, 당신의 무의식이 함께 있고, 당신의 꿈이 함께 있으며, 이 길을 먼저 걸어간 사람들이 함께 있습니다.

중요한 원칙들

1. 꿈 기록을 매일의 과제처럼 하지 마세요. 꿈이 기억나는 날에 적으세요. 어떤 날은 생생하게 기억나고, 어떤 날은 아무것도 떠오르지 않을 것입니다. 그것은 자연스러운 일입니다.

2. 모든 것을 자유롭고 편하게 하세요. 이 책은 숙제가 아니라 당신 자신과의 만남입니다. 부담 없이, 당신의 속도로, 당신이 원하는 방식으로 기록하세요.

3. 해석하려 하지 마세요. 이 다이어리의 목적은 꿈을 분석하거나 해석하는 것이 아닙니다. 우리의 목표는 단순히 꿈의 이야기를 듣고, 그 목소리에 귀 기울이는 것입니다.

4. 기록하는 것 자체가 치유입니다. 꿈을 이해하려 하지 말고, 단순히 기록하고 그 이야기에 귀 기울이세요. 이 행위 자체가 내면의 목소리를 존중하고 인정하는 것입니다.

감정에 주목하세요. 꿈의 내용보다 더 중요한 것은 그 꿈에서 느꼈던 감정과 분위기입니다. 감정은 우리 내면이 전하고자 하는 메시지의 핵심입니다.

에로스의 길을 시작하며

당신은 지금 이미지와 느낌의 세계로 들어섭니다.
이곳에서는 논리보다 감각이, 설명보다 경험이 먼저입니다.

프롤로그에서 우리는 에로스와 로고스를 만났습니다.
이제 당신은 그중 첫 번째 길에 발을 내딛습니다.

융은 우리가 성숙해 가는 과정에서 외부 세계에서 내면세계로 관심을 돌리는 '내향화(Introversion)' 과정이 필요하다고 보았습니다. 현대를 살아가는 우리는 끊임없이 외부의 자극과 요구에 반응하며 살아갑니다. 스마트폰 알림, 타인의 기대, 사회적 성공의 기준들이 우리의 주의를 끊임없이 밖으로 향하게 합니다.

내향화란 자신의 내면적 가치와 의미를 찾아가는 여정입니다.

꿈을 기록하는 것은 바로 이러한 내향화의 핵심적인 실천입니다.
외부의 소음에서 벗어나 자기 내면 깊은 곳에서 울려 나오는 목소리를 듣는 것,
자신이 놓치고 있던 감정들과 무시했던 욕구들,
그리고 자신도 몰랐던 내면의 자원들을 발견하는 것.

이것이 에로스의 길이 당신에게 주는 선물입니다.

앞으로 30일 동안, 당신은:

꿈이 기억나는 날, 꿈을 기록하고
네 가지 기능(감각, 감정, 사고, 직관)을 따라 연상하며
그림과 만다라로 무의식의 언어를 듣게 될 것입니다

그림을 잘 그릴 필요는 없습니다.
완벽하게 분석할 필요도 없습니다.
단지 귀 기울이고, 느끼고, 기록하면 됩니다.

말로 설명할 수 없는 것을 형태와 색으로, 논리로 정리할 수 없는 것을 느낌으로 만나는
시간입니다.

에로스의 길은 완성을 향한 길이 아닙니다.
그것은 연결을 향한 길이며, 그 연결 속에서 치유가 일어납니다.

당신의 무의식이 보내는 신호를, 당신의 내면이 그려내는 이미지를, 당신의 영혼이 전하
는 메시지를 있는 그대로 받아들이는 시간입니다.

이제 첫 번째 밤을 시작합니다.

에로스의 길

당신은 지금부터

꿈을 그립니다.

고흐가 되려고 하지 마세요.

그림 실력이 정신 건강을 보장하지는 않으니까요.

당신의 서툰 선이

당신의 무의식을 더 정직하게 드러냅니다.

등산을 마치고 내려와
맥주를 기다리며 행복해하는
40대 남성의 꿈, 그리고 그의 그림
내담자 K

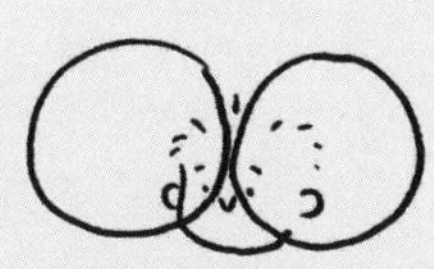

첫 번째 밤

월   일   요일

오늘의 꿈

꿈의 상징

꿈에 등장한 주요 상징을 간략히 적어보세요.   인물 동물 장소 색 사물 상황

꿈꾸기 전날을 떠올리며

어제 있었던 일 중 기억에 남는 것은?

잠들기 전 마지막으로 떠올린 생각은?

"꿈은 무의식이 의식에게 보내는 매일 밤의 편지입니다."

꿈의 연상

감각 Sensation

꿈에서 가장 선명하게 기억나는 것은 무엇인가요?
꿈속 장면의 밝기나 색감은 어떠했나요?

감정 Feeling

꿈에서 가장 강렬하게 느껴진 순간은 언제였나요?
꿈 전체를 지배하는 하나의 느낌이 있다면 무엇인가요?

사고 Thinking

꿈에 등장한 요소들은 서로 어떤 관계로 연결되어 있나요?
꿈속 상황이 당신의 현재 삶과 어떻게 연결되나요?

직관 Intuition

이 꿈이 당신의 어느 시기나 감정과 공명하는 것 같나요?
꿈이 전하는 전체적인 방향이나 흐름이 느껴지나요?

자유 연상

꿈에 나타난 상징들을 떠올릴 때, 과거의 어떤 경험이나 기억, 느낌이 함께 떠오르나요?

꿈·만다라 그리기

꿈에서 가장 강렬했던 장면을 그려 보세요. 그리기가 어렵다면, 원을 그려보세요.

원 안에 색만으로 자유롭게 표현해도 좋습니다.

"당신의 내면에는 아직 부르지 않은 노래가 있습니다."

마음은 때로 단어보다 먼저 움직입니다

오늘 이 페이지를 펼친 일은 결코 우연이 아닙니다.

우리는 늘 너무 바쁘게 지나가고, 너무 빨리 잊고,

너무 자주 자신을 뒤로 미루며 살아갑니다.

오늘 기록하려는 것—꿈이든, 스친 감정이든,

말로 붙잡히지 않는 마음의 결이든—

그 모든 것은 이미 당신이 자신에게 되돌아오고 있다는

작은 징표입니다.

붙잡기 어려운 감정이 있다면 그대로 두어도 괜찮습니다.

단어는 늘 마음보다 늦게 도착하기 때문입니다.

지금, 이 순간, 이 정도면 이미 충분합니다.

두 번째 밤

월　　　일　　　요일

오늘의 꿈

꿈의 상징

꿈에 등장한 주요 상징을 간략히 적어보세요.　인물　동물　장소　색　사물　상황

____

____

____

____

____

____

____

____

꿈꾸기 전날을 떠올리며

어제 있었던 일 중 기억에 남는 것은?

잠들기 전 마지막으로 떠올린 생각은?

"우리가 기억하지 못하는 꿈도 무의식 속에서 계속 작업하고 있습니다."

꿈의 연상

감각 Sensation
꿈속 공간은 어떤 분위기였나요?
꿈에서 특별히 눈에 띄는 형태나 대상이 있었나요?

감정 Feeling
꿈의 어느 부분에서 에너지가 가장 크게 느껴졌나요?
꿈에서 당신의 주의가 가장 강하게 끌린 곳은 어디인가요?

사고 Thinking
꿈에 등장한 인물이나 대상이 당신과 어떤 관계인가요?
꿈의 전개 방식이 당신에게 익숙한가요, 낯선가요?

직관 Intuition
꿈이 당신 안의 어떤 부분과 대화하려는 것 같나요?
이 꿈의 이미지들이 상징하는 것이 무엇일 것 같나요?

자유 연상

꿈의 각 요소에서 떠오르는 개인적인 기억이나 연상을 자유롭게 적어보세요.

꿈·만다라 그리기

꿈에서 가장 강렬했던 장면을 그려 보세요. 그리기가 어렵다면, 원을 그려보세요.

원 안에 색만으로 자유롭게 표현해도 좋습니다.

"색은 말이 되기 전의 감정입니다."

버려진 것들이 사는 곳

우리는 좋은 것만 간직하려 합니다.

아름다운 기억, 자랑스러운 순간들.

하지만 영혼은 그렇게 단순하지 않습니다.

어둠 속에 던져버린 것들—수치심, 실패, 말하지 못한 분노—

그것들이 지하실에서 자라나 우리 꿈의 언어가 됩니다.

당신이 가장 감추고 싶었던 것이 사실은 가장 살아있는

것일지도 모릅니다.

빛만 쫓다가는 그림자를 잃고, 그림자를 잃으면 우리는 평면이 됩니다.

오늘 꿈이 보여준 어둠은 당신을 해치려는 것이 아닙니다.

그것은 당신이 온전해지는 데 필요한 반쪽입니다.

세 번째 밤

월   일   요일

오늘의 꿈

꿈의 상징

꿈에 등장한 주요 상징을 간략히 적어보세요. 인물 동물 장소 색 사물 상황

____

____

____

____

____

____

____

꿈꾸기 전날을 떠올리며

어제 있었던 일 중 기억에 남는 것은?

잠들기 전 마지막으로 떠올린 생각은?

"반복되는 꿈은 무의식이 아직 듣지 못한 메시지를 다시 보내는 것입니다."

꿈의 연상

감각 Sensation

꿈에서 가장 두드러진 시각적 특징은 무엇인가요?
꿈속 장면의 질감이나 느낌을 어떻게 묘사할 수 있나요?

감정 Feeling

꿈에서 가장 생생하게 살아있다고 느껴진 순간은 언제였나요?
꿈 전체의 정서적 색깔은 어떠했나요?

사고 Thinking

꿈에 등장한 요소 간의 연결 고리가 보이나요?
꿈속 상황의 구조가 당신의 삶의 어떤 부분을 반영하나요?

직관 Intuition

꿈이 끝난 지점이 무언가를 암시하는 것 같나요?
이 꿈을 통해 무의식이 건네는 말이 있다면 무엇일까요?

자유 연상

꿈의 상징들에서 촉발되는 과거의 장면, 감정, 관계를 떠오르는 대로 적어보세요.

꿈·만다라 그리기

꿈에서 가장 강렬했던 장면을 그려 보세요. 그리기가 어렵다면, 원을 그려보세요.

원 안에 색만으로 자유롭게 표현해도 좋습니다.

"그림은 설명할 수 없는 것을 드러내는 언어입니다."

몸이 기억하는 것들

머리는 거짓말을 배웠지만, 몸은 아직 배우지 못했습니다.

당신의 어깨가 무거운 것은 누군가의 기대를

너무 오래 짊어졌기 때문이고,

목이 막히는 것은 삼켜버린 말들이 아직 그곳에 남아있기 때문입니다.

우리는 감정을 느끼지 않기 위해 몸을 마비시키는 법을 배웠습니다.

하지만 마비된 것은 사라진 것이 아닙니다.

단지 언어를 잃은 것뿐입니다.

오늘 당신의 몸이 말했던 것을 적었다면,

그것은 이미 마비에서 깨어나기 시작한 것입니다.

몸은 영혼이 쓰는 가장 정직한 일기장입니다.

네 번째 밤

월   일   요일

오늘의 꿈

꿈의 상징

꿈에 등장한 주요 상징을 간략히 적어보세요. 인물 동물 장소 색 사물 상황

꿈꾸기 전날을 떠올리며

어제 있었던 일 중 기억에 남는 것은?

잠들기 전 마지막으로 떠올린 생각은?

"악몽조차도 치유를 위한 무의식의 시도입니다."

꿈의 연상

감각 Sensation

꿈의 전체적인 느낌을 하나의 감각으로 표현한다면?
꿈에서 가장 또렷한 부분과 흐릿한 부분은 어디였나요?

감정 Feeling

꿈에서 당신의 감정이 가장 강하게 움직인 지점은 어디인가요?
꿈의 어떤 요소가 당신을 가장 강하게 사로잡았나요?

사고 Thinking

꿈에 나타난 관계의 구조는 어떠했나요?
꿈의 전개가 논리적인가요, 비논리적인가요?

직관 Intuition

꿈의 이미지들이 당신의 어떤 내면 상태를 드러내는 것 같나요?
이 꿈이 과거, 현재, 미래 중 어디를 말하는 것 같나요?

자유 연상

꿈에 나타난 각 상징에서 떠오르는 당신만의 경험과 의미를 자유롭게 기록해보세요.

꿈·만다라 그리기

꿈에서 가장 강렬했던 장면을 그려 보세요. 그리기가 어렵다면, 원을 그려보세요.

원 안에 색만으로 자유롭게 표현해도 좋습니다.

"어둠도 그려져야 빛이 의미를 얻습니다."

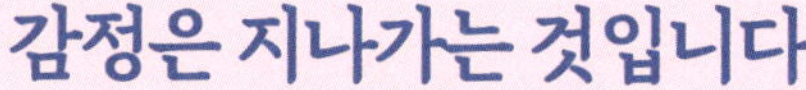

감정은 지나가는 것입니다

우리는 감정을 소유하려 하거나 제거하려 합니다.

하지만 감정은 날씨와 같아서 소유할 수도, 명령할 수도 없습니다.

슬픔이 왔다고 해서 당신이 슬픈 사람이 되는 것은 아닙니다.

분노가 지나간다고 해서 당신이 나쁜 사람인 것도 아닙니다.

우리를 괴롭히는 것은 감정 그 자체가 아니라,

그 감정이 영원할 것 같은 착각입니다.

구름은 하늘을 지나가지만, 하늘은 그대로입니다.

당신이라는 하늘은 모든 날씨를 견딜 만큼 넓습니다.

다섯 번째 밤

월   일   요일

꿈의 상징

꿈에 등장한 주요 상징을 간략히 적어보세요. 인물 동물 장소 색 사물 상황

____

____

____

____

____

____

____

꿈꾸기 전날을 떠올리며

어제 있었던 일 중 기억에 남는 것은?

잠들기 전 마지막으로 떠올린 생각은?

"꿈은 해석되기를 기다리는 것이 아니라, 경청 되기를 기다립니다."

꿈의 연상

꿈속 장면을 구성하는 주요 요소들은 무엇인가요?
꿈에서 가장 인상적인 시각적 이미지는 무엇인가요?

감정 Feeling
꿈에서 감정의 강도가 가장 높았던 순간은 언제인가요?
꿈 전체를 관통하는 하나의 정서가 있다면 무엇인가요?

사고 Thinking
꿈에 등장한 각 요소가 서로 어떤 관계를 맺고 있나요?
꿈속에서 당신은 어떤 위치에 있었나요?

직관 Intuition
꿈의 상징들이 당신에게 무엇을 가리키는 것 같나요?
이 꿈이 전하는 전체적인 느낌이나 흐름이 있나요?

자유 연상

꿈속 이미지들이 당신을 어떤 시간, 어떤 사람, 어떤 감정으로 데려가나요?

꿈·만다라 그리기

꿈에서 가장 강렬했던 장면을 그려 보세요. 그리기가 어렵다면, 원을 그려보세요.

원 안에 색만으로 자유롭게 표현해도 좋습니다.

"형태가 없는 것도 선과 색으로 존재할 수 있습니다."

두려움이 가리키는 곳

두려움은 우리가 가장 원하는 것 앞에 서 있습니다.

무대 위에 서는 것이 두렵다면,

그것은 당신이 보이고 싶어 하기 때문이고,

사랑이 두렵다면,

그것은 당신이 사랑받고 싶어 하기 때문입니다.

두려움을 없애려 하지 마세요.

그것은 당신의 욕망이 살아있다는 증거입니다.

오히려 물어보세요.

"너는 내가 무엇을 원한다고 말하고 있니?"

두려움은 적이 아니라 불완전한 나침반입니다.

때로 가장 두려운 방향이 당신이 가야 할 방향입니다.

여섯 번째 밤

월   일   요일

오늘의 꿈

꿈의 상징

꿈에 등장한 주요 상징을 간략히 적어보세요. 인물 동물 장소 색 사물 상황

꿈꾸기 전날을 떠올리며

어제 있었던 일 중 기억에 남는 것은?

잠들기 전 마지막으로 떠올린 생각은?

"꿈속의 모든 인물은 당신 자신의 다른 면입니다."

꿈의 연상

감각 Sensation

꿈의 전체적인 색조나 톤은 어떠했나요?
꿈에서 가장 선명하게 남은 감각적 인상은 무엇인가요?

감정 Feeling

꿈에서 감정이 가장 집중된 순간은 언제였나요?
꿈의 어떤 장면에서 감정이 가장 또렷하게 느껴졌나요?

사고 Thinking

꿈속 사건들의 순서나 연결이 의미 있게 느껴지나요?
꿈에 등장한 대상들이 당신의 실제 삶과 어떻게 대응되나요?

직관 Intuition

꿈이 당신 내면에서 진행 중인 어떤 과정을 보여주는 것 같나요?
이 꿈의 이미지들이 앞으로 어떻게 전개될 것 같은 예감이 드나요?

자유 연상

꿈의 상징들에서 연상되는 과거의 기억, 감정, 사람을 자유롭게 적어보세요.

꿈·만다라 그리기

꿈에서 가장 강렬했던 장면을 그려 보세요. 그리기가 어렵다면, 원을 그려보세요.
원 안에 색만으로 자유롭게 표현해도 좋습니다.

"오늘 메일을 받았어요. 무의식이 보낸 메일이요. 사랑한다는 군요."

거울 앞에서

거울을 볼 때마다 당신은 자신을 보는 것이 아니라 판단을 봅니다.

어머니의 눈으로, 연인의 시선으로, 세상의 기준으로.

진짜 얼굴은 그 모든 시선 이전에 있습니다.

거울이 당신을 비판하는 것 같다면,

그것은 거울이 아니라 당신 안의 누군가가 말하는 것입니다.

오늘은 거울을 보지 말고, 거울 속의 눈을 보세요.

그 눈이 가장 피곤해 보이는 것은,

그 눈이 가장 오래 사랑받지 못했기 때문입니다.

일곱 번째 밤

월   일   요일

꿈의 상징

꿈에 등장한 주요 상징을 간략히 적어보세요. 인물   동물   장소   색   사물   상황

____

____

____

____

____

____

____

꿈꾸기 전날을 떠올리며

어제 있었던 일 중 기억에 남는 것은?

잠들기 전 마지막으로 떠올린 생각은?

"꿈은 과거를 기억하는 동시에 미래를 준비합니다."

꿈의 연상

꿈속 공간의 특징을 어떻게 묘사할 수 있나요?
꿈에서 가장 주목되는 요소는 무엇인가요?

꿈에서 에너지의 밀도가 가장 높았던 부분은 어디인가요?
꿈에서 당신이 가장 집중했던 순간은 언제인가요?

꿈속 여러 요소가 하나의 이야기로 연결되나요?
꿈에 나타난 구조가 당신의 현실과 닮아있나요?

꿈이 당신 안의 어떤 변화를 반영하는 것 같나요?
이 꿈의 상징들이 가진 의미의 층위가 여러 개인가요?

자유 연상

꿈에 나타난 이미지들에서 떠오르는 개인적 연상과 느낌을 기록해보세요.

꿈·만다라 그리기

꿈에서 가장 강렬했던 장면을 그려 보세요. 그리기가 어렵다면, 원을 그려보세요.

원 안에 색만으로 자유롭게 표현해도 좋습니다.

"Unter allen Sternen am Himmel bist du der meine."

시간의 겹

과거는 끝나지 않습니다.

그것은 현재 안에서 계속 숨 쉽니다.

열 살의 당신이 느꼈던 외로움은 지금도 어딘가에 살아있고,

스무 살의 당신이 선택하지 못한 길은 여전히 당신을 부릅니다.

시간은 직선이 아니라 나선입니다.

우리는 같은 자리를 지나가는 것처럼 보이지만,

매번 조금씩 다른 높이에서 그것을 만납니다.

오늘 꿈에서 과거가 찾아왔다면,

그것은 당신에게 해결되지 않은 무언가가 아직 남아있다는 뜻입니다.

과거는 당신을 붙잡는 것이 아니라,

풀려나기를 기다리고 있습니다.

여덟 번째 밤

월   일   요일

오늘의 꿈

꿈의 상징

꿈에 등장한 주요 상징을 간략히 적어보세요. 인물 동물 장소 색 사물 상황

\
\
\
\
\
\
\
\

꿈꾸기 전날을 떠올리며

어제 있었던 일 중 기억에 남는 것은?

잠들기 전 마지막으로 떠올린 생각은?

"같은 꿈이라도 시기에 따라 다른 의미가 있습니다."

꿈의 연상

꿈의 전체적인 분위기를 만드는 요소는 무엇인가요?
꿈에서 특별히 강조되거나 반복되는 것이 있나요?

꿈에서 감정이 가장 응축된 지점은 어디인가요?
꿈의 어떤 요소가 당신에게 가장 강한 인상을 남겼나요?

꿈의 여러 장면이 서로를 설명하거나 보완하나요?
꿈에 등장한 관계들의 구도는 어떻게 형성되어 있나요?

꿈이 당신의 어떤 내적 질문을 다루고 있는 것 같나요?
이 꿈을 통해 무의식이 제안하는 것이 있나요?

자유 연상

꿈속 상징들과 연결되는 당신의 경험, 기억, 감정을 떠오르는 대로 적어보세요.

꿈·만다라 그리기

꿈에서 가장 강렬했던 장면을 그려 보세요. 그리기가 어렵다면, 원을 그려보세요.

원 안에 색만으로 자유롭게 표현해도 좋습니다.

"그림자 없는 빛은 평면입니다."

당신이 자신에게 하는 말

우리는 타인에게는 절대로 하지 않을 말을 자신에게 합니다.

"넌 쓸모없어."

"넌 사랑받을 자격이 없어."

"넌 절대 못 해."

그 목소리가 당신의 그것으로 생각하지만, 자세히 들어보세요.

그것은 누군가에게서 배운 목소리입니다.

당신을 사랑한다고 했던 사람이 실은 당신을 판단했던 그 말투,

당신을 키운다고 했던 사람이 실은 당신을 길들였던 그 언어.

오늘부터 자신에게 하는 말을 관찰해보세요.

그 말을 당신이 가장 사랑하는 사람에게 할 수 있나요?

할 수 없다면, 당신에게도 하지 마세요.

말은 주문입니다.

당신은 매일 자신에게 저주를 걸 것인가요,

축복을 걸 것인가요?

아홉 번째 밤

월 일 요일

오늘의 꿈

꿈의 상징

꿈에 등장한 주요 상징을 간략히 적어보세요. 인물 동물 장소 색 사물 상황

꿈꾸기 전날을 떠올리며

어제 있었던 일 중 기억에 남는 것은?

잠들기 전 마지막으로 떠올린 생각은?

"꿈은 우리가 외면한 것들을 다시 불러옵니다."

꿈의 연상

감각 Sensation
꿈에 등장한 대상들의 특징은 무엇인가요?
꿈속 장면의 구성을 어떻게 설명할 수 있나요?

감정 Feeling
꿈에서 감정의 흐름이 변화하는 지점이 있었나요?
꿈의 어느 순간에 당신의 주의가 가장 끌어졌나요?

사고 Thinking
꿈속 상황들이 서로 어떤 연결 고리를 가지고 있나요?
꿈에 나타난 문제나 과제가 당신의 현실과 관련이 있나요?

직관 Intuition
꿈이 당신에게 어떤 통찰을 주는 것 같나요?
이 꿈의 상징들이 당신 인생의 어떤 국면을 나타내나요?

자유 연상

꿈의 각 요소에서 떠오르는 과거의 장면이나 감정을 자유롭게 기록하세요.

꿈·만다라 그리기

꿈에서 가장 강렬했던 장면을 그려 보세요. 그리기가 어렵다면, 원을 그려보세요.

원 안에 색만으로 자유롭게 표현해도 좋습니다.

"완벽하지 않은 선이 더 진실합니다."

꿈속의 그 사람

꿈에 나타난 사람이 당신을 불편하게 했다면,

그것은 그 사람 때문이 아닙니다.

그 사람은 당신이 보기 싫어하는 당신의 일부를 연기하고 있을 뿐입니다.

우리가 미워하는 사람은 우리 안에 숨겨둔 무언가를 드러냅니다.

그의 이기심은 당신이 억압한 욕망이고,

그의 나약함은 당신이 숨긴 상처이며,

그의 오만함은 당신이 인정하지 않는 자신감입니다.

꿈은 당신에게 적을 보여주는 것이 아니라,

당신 안의 낯선 방을 보여주는 것입니다.

그 방의 문을 열 준비가 되셨나요?

열 번째 밤

월　　　일　　　요일

오늘의 꿈

꿈의 상징

꿈에 등장한 주요 상징을 간략히 적어보세요. 인물 동물 장소 색 사물 상황

꿈꾸기 전날을 떠올리며

어제 있었던 일 중 기억에 남는 것은?

잠들기 전 마지막으로 떠올린 생각은?

"창조성은 무의식과 의식의 협업입니다."

꿈의 연상

감각 Sensation
꿈에서 가장 인상적인 장면의 구성은 어떠했나요?
꿈의 전체적인 느낌을 감각적으로 표현한다면?

감정 Feeling
꿈에서 감정의 온도가 가장 높았던 곳은 어디인가요?
꿈 전체의 감정적 리듬은 어떠했나요?

사고 Thinking
꿈에 등장한 요소들이 당신의 역할이나 정체성과 어떻게 연결되나요?
꿈의 전개 방식이 당신의 문제 해결 방식과 비슷한가요?

직관 Intuition
꿈이 당신의 어떤 가능성을 보여주는 것 같나요?
이 꿈을 통해 당신 안에서 준비되고 있는 것이 있나요?

자유 연상

꿈속 이미지들이 불러일으키는 개인적 기억과 연상을 자유롭게 적어보세요.

꿈·만다라 그리기

꿈에서 가장 강렬했던 장면을 그려 보세요. 그리기가 어렵다면, 원을 그려보세요.

원 안에 색만으로 자유롭게 표현해도 좋습니다.

"예술은 영혼의 숨결입니다."

창조하지 못하는 이유

우리는 능력이 없어서 창조하지 못하는 것이 아닙니다.

판단이 두려워서 창조하지 못합니다.

그리고 그 판단은 대부분 아직 일어나지도 않은 일입니다.

어린아이는 그림을 그릴 때 "잘 그렸나?"를 묻지 않습니다.

단지 그립니다. 그리는 것 자체가 기쁨이니까요.

우리는 언제 그 기쁨을 잃어버렸을까요?

누군가 당신의 그림을 보고 "이상하다"라고 했을 때?

당신의 노래를 듣고 "음정이 틀렸다"라고 했을 때?

창조는 평가받기 위한 것이 아닙니다.

그것은 내면의 것을 바깥으로 옮기는 호흡입니다.

숨을 쉬는데 허락이 필요하지 않듯, 창조에도 허락이 필요하지 않습니다.

열한 번째 밤

월   일   요일

오늘의 꿈

꿈의 상징

꿈에 등장한 주요 상징을 간략히 적어보세요.   인물   동물   장소   색   사물   상황

____

____

____

____

____

____

____

____

꿈꾸기 전날을 떠올리며

어제 있었던 일 중 기억에 남는 것은?

잠들기 전 마지막으로 떠올린 생각은?

"변명은 변화를 가로막는 마지막 방어선입니다."

꿈의 연상

감각 Sensation

꿈속 장면의 전체적인 구도는 어떠했나요?
꿈에서 특별히 주목되는 부분은 어디인가요?

감정 Feeling

꿈에서 감정이 가장 복잡하게 얽힌 순간은 언제였나요?
꿈의 어느 지점에서 당신의 에너지가 가장 활성화되었나요?

사고 Thinking

꿈속 요소 간의 역학관계는 어떠했나요?
꿈에서 반복되는 패턴이나 구조가 보이나요?

직관 Intuition

꿈이 당신에게 어떤 방향을 제시하는 것 같나요?
이 꿈의 메시지가 당신의 어떤 부분을 일깨우려는 것 같나요?

자유 연상

꿈의 상징들에서 촉발되는 과거의 경험과 감정을 떠오르는 대로 적어보세요.

꿈·만다라 그리기

꿈에서 가장 강렬했던 장면을 그려 보세요. 그리기가 어렵다면, 원을 그려보세요.

원 안에 색만으로 자유롭게 표현해도 좋습니다.

"불완전함 속에 진실이 살아 숨 쉽니다."

변명 뒤에 숨은 것

변명은 보호막처럼 보이지만 실은 감옥입니다.

"나는 바빠서…"

"나는 돈이 없어서…"

"나는 재능이 없어서…"

이 문장들은 당신을 지키는 것이 아니라,

변화의 가능성을 차단합니다.

변명은 과거의 상처가 만든 방어기제입니다.

한때는 당신을 지켜주었지만, 이제는 당신을 가둡니다.

오늘 당신이 가장 자주 하는 변명을 적었다면,

그 변명이 몇 살 때 만들어진 것인지 들여다보세요.

열 살? 스무 살? 서른 살?

그때의 당신은 그 변명이 필요했을지 모릅니다.

하지만 지금의 당신에게도 여전히 필요한가요?

열두 번째 밤

월   일   요일

꿈의 상징

꿈에 등장한 주요 상징을 간략히 적어보세요. 인물 동물 장소 색 사물 상황

____

____

____

____

____

____

____

____

꿈꾸기 전날을 떠올리며

어제 있었던 일 중 기억에 남는 것은?

잠들기 전 마지막으로 떠올린 생각은?

"고독 속에서만 진짜 자신의 목소리를 들을 수 있습니다."

꿈의 연상

감각 Sensation
꿈속 장면의 분위기를 만드는 요소는 무엇인가요?
꿈에서 가장 기억에 남는 시각적 요소는 무엇인가요?

감정 Feeling
꿈에서 당신이 가장 몰입했던 순간은 언제였나요?
꿈의 어떤 요소가 당신의 감정을 가장 강하게 움직였나요?

사고 Thinking
꿈에 나타난 상황들이 당신의 현재와 어떻게 연결되나요?
꿈속에서 당신의 행동이 어떤 결과를 만들었나요?

직관 Intuition
꿈이 당신 안의 어떤 것을 드러내는 것 같나요?
이 꿈을 통해 당신에게 필요한 것이 무엇인지 감이 오나요?

자유 연상

꿈에 나타난 각 상징에서 떠오르는 당신만의 기억과 의미를 기록해보세요.

꿈·만다라 그리기

꿈에서 가장 강렬했던 장면을 그려 보세요. 그리기가 어렵다면, 원을 그려보세요.

원 안에 색만으로 자유롭게 표현해도 좋습니다.

"침묵도 형태가 될 수 있습니다."

혼자라는 것

혼자 있는 시간을 견딜 수 없다면,

당신은 평생 누군가의 존재로 자신을 증명해야 합니다.

사랑받을 때만 존재하고, 필요할 때만 가치 있는 사람.

그것은 사랑이 아니라 의존입니다.

혼자 있을 때 당신은 누구인가요?

아무도 보지 않을 때, 아무도 평가하지 않을 때,

그 텅 빈 공간에서 당신은 무엇으로 채워지나요?

침묵이 두렵다면,

그것은 침묵 속에서 들리는 목소리가 두려운 것입니다.

자신이 자신에게 하는 말,

그 냉혹함을 견딜 수 없어서 우리는 소음 속으로 도망칩니다.

하지만 도망칠 수 없습니다.

당신은 결국 당신 자신과 평생을 함께 살아야 하니까요.

열세 번째 밤

월   일   요일

오늘의 꿈

꿈의 상징

꿈에 등장한 주요 상징을 간략히 적어보세요.   인물   동물   장소   색   사물   상황

____

____

____

____

____

____

____

____

꿈꾸기 전날을 떠올리며

어제 있었던 일 중 기억에 남는 것은?

잠들기 전 마지막으로 떠올린 생각은?

"비교는 자신의 독특함을 모욕하는 것입니다."

76

꿈의 연상

감각 Sensation

꿈의 전체적인 느낌을 어떻게 묘사할 수 있나요?
꿈에서 두드러진 요소는 무엇인가요?

감정 Feeling

꿈에서 가장 생생하게 느껴진 감정의 결은 어땠나요?
꿈의 어느 부분에서 당신의 반응이 가장 강렬했나요?

사고 Thinking

꿈에 등장한 관계들의 구조는 어떠했나요?
꿈속 사건의 전개가 당신의 사고 패턴을 반영하나요?

직관 Intuition

꿈이 당신의 어떤 내면 상태를 상징적으로 표현하는 것 같나요?
이 꿈이 당신에게 어떤 변화의 시작을 알리나요?

자유 연상

꿈의 이미지들이 당신을 어떤 과거의 시간이나 감정으로 데려가나요?

꿈·만다라 그리기

꿈에서 가장 강렬했던 장면을 그려 보세요. 그리기가 어렵다면, 원을 그려보세요.
원 안에 색만으로 자유롭게 표현해도 좋습니다.

"별이 땅으로 내려오면 뭐라 부를까요? 당신이라고, 네, 그대라고."

사랑받지 못할까 봐

우리는 사랑이 모자라서 불안한 것이 아닙니다.

자신을 사랑할 줄 몰라서 불안합니다.

상대방의 전화를 기다리며 심장이 조여오는 것,

그 사람의 무심한 말 한마디에 하루가 무너지는 것,

조금만 차갑게 굴어도 버림받을 것 같은 공포—

이것은 사랑이 아닙니다.

이것은 당신 안의 오래된 상처가 반복되는 것입니다.

어린 시절, 당신이 사랑받기 위해 해야 했던 것들이 있습니다.

착해야 했고, 조용해야 했고, 기대에 부응해야 했습니다.

그래서 당신은 배웠습니다.

"있는 그대로의 나는 사랑받을 수 없다"라고.

그 믿음이 지금도 당신을 지배합니다.

상대방이 아니라, 당신 자신이 당신을 거부하고 있습니다.

열네 번째 밤

월   일   요일

오늘의 꿈

꿈의 상징

꿈에 등장한 주요 상징을 간략히 적어보세요.   인물 동물 장소 색 사물 상황

꿈꾸기 전날을 떠올리며

어제 있었던 일 중 기억에 남는 것은?

잠들기 전 마지막으로 떠올린 생각은?

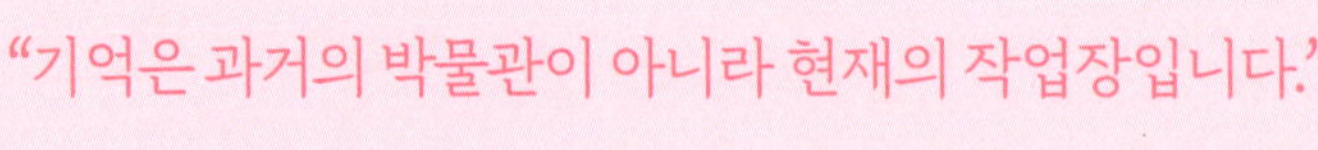

"기억은 과거의 박물관이 아니라 현재의 작업장입니다."

꿈의 연상

감각 Sensation

꿈속 장면의 특징적인 요소는 무엇인가요?
꿈의 전체적인 구성을 어떻게 설명할 수 있나요?

감정 Feeling

꿈에서 감정의 층위가 여러 겹으로 느껴졌나요?
꿈의 어떤 장면이 당신에게 가장 강한 울림을 주었나요?

사고 Thinking

꿈속 요소 간의 관계가 어떻게 형성되어 있나요?
꿈에 나타난 전개 방식이 당신의 방식과 닮아있나요?

직관 Intuition

꿈이 당신의 어떤 과거를 재해석하도록 이끄나요?
이 꿈을 통해 당신이 나아갈 방향이 암시되나요?

자유 연상

꿈속 상징들에서 연상되는 개인적 경험과 느낌을 자유롭게 적어보세요.

꿈·만다라 그리기

꿈에서 가장 강렬했던 장면을 그려 보세요. 그리기가 어렵다면, 원을 그려보세요.

원 안에 색만으로 자유롭게 표현해도 좋습니다.

"과거의 색은 현재의 빛으로 다시 칠해집니다."

기억을 다시 쓴다는 것

우리는 과거를, 있는 그대로 기억하지 않습니다.

매번 기억할 때마다 조금씩 다시 씁니다.

어떤 상처는 시간이 지날수록 더 깊어지고,

어떤 사랑은 시간이 지날수록 더 아름다워집니다.

기억은 과거의 기록이 아니라 현재의 창조입니다.

오늘 당신이 과거를 어떻게 바라보느냐가

내일의 당신을 결정합니다.

그 끔찍했던 일을 실패로 볼 것인가, 통과의례로 볼 것인가.

그 상실을 끝으로 볼 것인가, 시작으로 볼 것인가.

과거는 바꿀 수 없지만, 과거의 의미는 언제든 다시 쓸 수 있습니다.

당신은 피해자의 이야기를 쓸 것인가요, 생존자의 이야기를 쓸 것인가요?

열다섯 번째 밤

월   일   요일

꿈의 상징

꿈에 등장한 주요 상징을 간략히 적어보세요. 인물 동물 장소 색 사물 상황

____

____

____

____

____

____

____

____

꿈꾸기 전날을 떠올리며

어제 있었던 일 중 기억에 남는 것은?

잠들기 전 마지막으로 떠올린 생각은?

"외부의 성취는 내부의 공허를 채울 수 없습니다."

꿈의 연상

꿈에서 가장 눈에 띄는 시각적 특징은 무엇인가요?
꿈속 장면의 전체적인 느낌은 어떠했나요?

꿈에서 에너지가 가장 밀집된 지점은 어디였나요?
꿈의 어느 순간에 당신이 가장 강하게 반응했나요?

꿈에 등장한 상징들이 당신의 가치관과 어떻게 연결되나요?
꿈속 상황의 구조가 당신의 현재 삶과 대응되나요?

꿈이 당신 안의 어떤 것을 드러내는 것 같나요?
이 꿈이 당신에게 어떤 이해를 제공하나요?

자유 연상

꿈에 나타난 각 요소에서 떠오르는 과거의 기억과 연상을 기록하세요.

꿈·만다라 그리기

꿈에서 가장 강렬했던 장면을 그려 보세요. 그리기가 어렵다면, 원을 그려보세요.

원 안에 색만으로 자유롭게 표현해도 좋습니다.

"무의식의 전화에 당신 이름을 저장하세요.
당신의 119가 되어줄 겁니다."

이룬 것의 공허

목표를 이루었는데도 행복하지 않다면,

그것은 당신의 목표가 아니었기 때문입니다.

우리는 성취하면 채워질 거라고 믿습니다.

더 높은 직급, 더 많은 돈, 더 좋은 집.

하지만 채워지지 않습니다.

왜냐하면 당신이 채우려는 것은 외부의 빈자리가 아니라

내면의 공허이기 때문입니다.

그 공허는 어린 시절 받지 못한 인정에서 왔습니다.

"잘했어. 네가 있어서 행복해. 네가 아무것도 하지 않아도 사랑해."

그 말을 듣지 못한 아이가 평생 성취로 그것을 증명하려 합니다.

하지만 아무리 이루어도 그 아이는 채워지지 않습니다.

세상의 박수는 그 아이가 원하는 목소리가 아니니까요.

열여섯 번째 밤

월   일   요일

오늘의 꿈

꿈의 상징

꿈에 등장한 주요 상징을 간략히 적어보세요. 인물 동물 장소 색 사물 상황

____

____

____

____

____

____

____

____

꿈꾸기 전날을 떠올리며

어제 있었던 일 중 기억에 남는 것은?

잠들기 전 마지막으로 떠올린 생각은?

"실패는 우리를 높이가 아니라 깊이로 데려갑니다."

꿈의 연상

감각 Sensation

꿈의 시각적 구성은 어떠했나요?
꿈에서 가장 인상적인 요소는 무엇인가요?

감정 Feeling

꿈에서 감정이 절정에 달한 순간은 언제였나요?
꿈의 어떤 부분이 당신의 주의를 가장 강하게 끌었나요?

사고 Thinking

꿈의 여러 장면이 하나의 주제로 수렴되나요?
꿈에 나타난 갈등이 당신의 내적 갈등을 반영하나요?

직관 Intuition

꿈이 당신에게 어떤 깨달음을 준비시키는 것 같나요?
이 꿈의 상징들이 당신의 성장 과정과 연결되나요?

자유 연상

꿈의 상징들에서 촉발되는 당신만의 경험과 감정을 자유롭게 적어보세요.

꿈·만다라 그리기

꿈에서 가장 강렬했던 장면을 그려 보세요. 그리기가 어렵다면, 원을 그려보세요.

원 안에 색만으로 자유롭게 표현해도 좋습니다.

"넘어진 곳에서만 보이는 별들이 있습니다."

넘어진 후에

실패했을 때 비로소 당신은 정직해집니다.

성공했을 때는 거짓말을 할 수 있습니다.

"나는 괜찮아. 나는 강해. 나는 할 수 있어."

하지만 바닥에 쓰러졌을 때는 더 이상 그럴 수 없습니다.

거기서 당신은 자신의 연약함을 만납니다.

그리고 그 연약함이야말로 당신이 평생 숨겨온 진실입니다.

당신은 강하지 않습니다.

당신은 강한 척하며 살아왔을 뿐입니다.

넘어졌을 때, 당신은 선택해야 합니다.

다시 강한 척 일어설 것인가,

아니면 이번에는 연약한 채로 일어설 것인가.

진짜 용기는 상처를 숨기지 않는 것입니다.

"나는 다쳤고, 나는 두렵고, 나는 모르겠다"라고 말할 수 있는 것.

열일곱 번째 밤

월   일   요일

꿈의 상징

꿈에 등장한 주요 상징을 간략히 적어보세요. 인물 동물 장소 색 사물 상황

꿈꾸기 전날을 떠올리며

어제 있었던 일 중 기억에 남는 것은?

잠들기 전 마지막으로 떠올린 생각은?

"의식하지 못하는 것이 운명이 됩니다."

꿈의 연상

감각 Sensation
꿈속 장면을 구성하는 주요 요소는 무엇인가요?
꿈의 전체적인 분위기는 어떻게 형성되어 있나요?

감정 Feeling
꿈에서 가장 강렬하게 느껴진 에너지는 어떤 것이었나요?
꿈의 어느 지점에서 당신의 감정이 가장 움직였나요?

사고 Thinking
꿈에 등장한 패턴이 당신의 삶의 패턴과 연결되나요?
꿈속 관계의 역학이 당신의 실제 관계를 보여주나요?

직관 Intuition
꿈이 당신의 어떤 습관이나 패턴을 의식하게 하나요?
이 꿈을 통해 당신이 바꿀 수 있는 것이 보이나요?

자유 연상

꿈의 각 이미지에서 떠오르는 과거의 장면이나 느낌을 기록해보세요.

꿈·만다라 그리기

꿈에서 가장 강렬했던 장면을 그려 보세요. 그리기가 어렵다면, 원을 그려보세요.
원 안에 색만으로 자유롭게 표현해도 좋습니다.

"같은 선을 반복해도 매번 다른 의미가 생깁니다."

습관이라는 옷

당신이 매일 하는 것이 당신을 만듭니다.

매일 아침 거울을 보며 한숨을 쉬면, 당신은 한숨 쉬는 사람이 되고,

매일 밤 잠들기 전 자신을 책망하면, 당신은 책망받는 사람이 됩니다.

습관은 처음엔 거미줄처럼 가볍지만,

나중엔 쇠사슬처럼 무겁습니다.

하지만 좋은 소식이 있습니다.

습관은 바꿀 수 있습니다.

뇌는 평생 변할 수 있고, 당신은 평생 새로워질 수 있습니다.

오늘 하루만 달리해보세요.

오늘 하루만 다른 말을 자신에게 해보세요.

오늘 하루가 모이면 한 달이 되고, 한 달이 모이면 일 년이 됩니다.

변화는 거창한 결심이 아니라 작은 오늘에서 시작됩니다.

열여덟 번째 밤

월   일   요일

오늘의 꿈

꿈의 상징

꿈에 등장한 주요 상징을 간략히 적어보세요. 인물 동물 장소 색 사물 상황

꿈꾸기 전날을 떠올리며

어제 있었던 일 중 기억에 남는 것은?

잠들기 전 마지막으로 떠올린 생각은?

"나이는 시간의 무게가 아니라 영혼의 깊이입니다."

96

꿈의 연상

감각 Sensation

꿈속 장면의 주요 특징은 무엇인가요?
꿈에서 어떤 요소가 가장 또렷하게 기억나나요?

감정 Feeling

꿈에서 당신의 감정이 가장 순수하게 드러난 순간은 언제였나요?
꿈의 어떤 요소가 당신에게 가장 큰 영향을 주었나요?

사고 Thinking

꿈에 나타난 흐름이 당신의 인생 단계를 반영하나요?
꿈속 요소들의 관계가 특별한 의미가 있나요?

직관 Intuition

꿈이 당신의 어떤 과정을 보여주는 것 같나요?
이 꿈이 당신의 과거와 미래를 어떻게 연결하고 있나요?

자유 연상

꿈속 상징들이 불러일으키는 개인적 기억과 연상을 자유롭게 적어보세요.

꿈·만다라 그리기

꿈에서 가장 강렬했던 장면을 그려 보세요. 그리기가 어렵다면, 원을 그려보세요.

원 안에 색만으로 자유롭게 표현해도 좋습니다.

"나이테마다 다른 이야기가 새겨져 있습니다."

시간의 얼굴

나이가 든다는 것은 가능성을 잃는 것처럼 느껴집니다.

젊을 때 하지 못한 것들, 이루지 못한 꿈들,

그것들이 이제 영영 불가능해지는 것 같아서 두렵습니다.

하지만 당신이 두려워하는 것은 나이가 아니라 후회입니다.

"그때 해야 했는데"라는 문장.

나이는 핑계입니다.

"이제 너무 늦었어"라고 말하면, 시도하지 않아도 되니까요.

시도하지 않으면 실패하지도 않으니까요.

하지만 정말 늦은 건가요?

아니면 당신이 여전히 두려운 건가요?

주름은 당신이 웃었던 증거이고,

흰머리는 당신이 견뎌낸 시간입니다.

나이는 손실이 아니라 기록입니다.

그리고 당신은 지금도 기록되고 있습니다.

열아홉 번째 밤

월   일   요일

꿈의 상징

꿈에 등장한 주요 상징을 간략히 적어보세요.   인물   동물   장소   색   사물   상황

꿈꾸기 전날을 떠올리며

어제 있었던 일 중 기억에 남는 것은?

잠들기 전 마지막으로 떠올린 생각은?

"모든 선택은 동시에 포기입니다."

꿈의 연상

감각 Sensation
꿈속 장면의 구성을 어떻게 묘사할 수 있나요?
꿈에서 가장 특징적인 요소는 무엇인가요?

감정 Feeling
꿈에서 중요한 지점에서의 감정은 어땠나요?
꿈의 어느 지점에서 감정의 무게가 가장 크게 느껴졌나요?

사고 Thinking
꿈에 나타난 요소들이 당신의 현실과 어떻게 연결되나요?
꿈속 전개가 당신의 삶의 전환점을 반영하나요?

직관 Intuition
꿈이 당신의 어떤 부분에 대해 말하는 것 같나요?
이 꿈이 당신에게 어떤 방향성을 제시하나요?

자유 연상

꿈에 나타난 요소들에서 떠오르는 과거의 경험과 감정을 기록해보세요.

꿈·만다라 그리기

꿈에서 가장 강렬했던 장면을 그려 보세요. 그리기가 어렵다면, 원을 그려보세요.

원 안에 색만으로 자유롭게 표현해도 좋습니다.

"선택하지 않은 길도 그림 안에 존재합니다."

선택의 무게

모든 선택은 동시에 포기입니다.

한 길을 선택하는 순간, 다른 모든 길은 안개 속으로 사라집니다.

그래서 선택은 아픕니다.

완벽한 선택은 없습니다. 있는 것은 책임질 수 있는 선택뿐입니다.

당신이 선택하지 않은 삶들은 평행우주 어딘가에

살고 있을지도 모릅니다.

하지만 당신은 이 우주에 있습니다.

지금 여기, 당신이 선택한 이 길 위에.

후회는 과거의 선택을 현재의 지혜로 판단하는 것입니다.

그것은 불공평합니다.

그때의 당신은 그때의 정보로 최선을 다했습니다.

오늘의 선택도 마찬가지입니다.

완벽하지 않아도 괜찮습니다. 당신의 것이면 충분합니다.

스무 번째 밤

월　　　일　　　요일

오늘의 꿈

꿈의 상징

꿈에 등장한 주요 상징을 간략히 적어보세요.　인물　동물　장소　색　사물　상황

꿈꾸기 전날을 떠올리며

어제 있었던 일 중 기억에 남는 것은?

잠들기 전 마지막으로 떠올린 생각은?

"변화는 극적이지 않습니다. 그것은 조용히 내면에서 일어납니다."

꿈의 연상

감각 Sensation

꿈의 전체적인 시각적 인상은 어떠했나요?
꿈에서 반복되거나 강조되는 요소가 있었나요?

감정 Feeling

꿈 전체를 관통하는 하나의 감정 흐름이 느껴지나요?
꿈에서 당신의 에너지가 가장 활성화된 순간은 언제였나요?

사고 Thinking

꿈의 구조가 당신의 내면 여정을 보여주나요?
꿈에 나타난 변화의 과정이 당신의 과정과 닮아있나요?

직관 Intuition

꿈이 당신의 어느 지점을 보여주는 것 같나요?
이 꿈이 당신에게 어떤 이해를 주나요?

자유 연상

꿈의 상징들에서 촉발되는 당신의 여정과 경험을 자유롭게 적어보세요.

꿈·만다라 그리기

꿈에서 가장 강렬했던 장면을 그려 보세요. 그리기가 어렵다면, 원을 그려보세요.

원 안에 색만으로 자유롭게 표현해도 좋습니다.

"중간 지점의 풍경도 그려질 가치가 있습니다."

반쯤 온 길

중간은 가장 외로운 자리입니다.

시작의 설렘은 사라졌고, 끝의 성취감은 아직 오지 않았습니다.

그저 계속 걷는 것만 남았습니다.

20일째, 당신은 변화를 기대했을지도 모릅니다.

극적인 깨달음, 눈물 나는 카타르시스, 새로운 나.

하지만 그런 일은 일어나지 않았습니다.

당신은 여전히 당신이고,

여전히 같은 두려움을 안고 있으며,

여전히 같은 질문 앞에 서 있습니다.

실망했나요?

하지만 변화는 극적이지 않습니다.

그것은 물이 바위를 뚫듯 천천히, 조용히 일어납니다.

매일의 작은 관찰, 작은 기록, 작은 머무름.

그것들이 쌓여서 당신은 조금씩 달라집니다.

달라졌다는 것을 느끼지 못해도 괜찮습니다.

나무는 자라는 것을 느끼지 못하지만, 그래도 자랍니다.

스물한 번째 밤

오늘의 꿈

꿈의 상징

꿈에 등장한 주요 상징을 간략히 적어보세요. 인물 동물 장소 색 사물 상황

꿈꾸기 전날을 떠올리며

어제 있었던 일 중 기억에 남는 것은?

잠들기 전 마지막으로 떠올린 생각은?

"당신은 누군가의 한 조각 별입니다."

꿈의 연상

감각 Sensation

꿈에서 반복적으로 나타나는 요소가 있나요?
꿈속 장면들의 연결 방식은 어떠했나요?

감정 Feeling

꿈에서 익숙한 감정이 느껴졌나요?
꿈의 어느 부분에서 감정의 패턴이 보였나요?

사고 Thinking

꿈에 나타난 구조가 당신의 삶의 패턴을 보여주나요?
꿈속 전개의 순환이 당신의 행동 패턴과 연결되나요?

직관 Intuition

꿈이 당신의 어떤 반복되는 주제를 의식하게 하나요?
이 꿈이 당신에게 어떤 기회를 주는 것 같나요?

자유 연상

꿈속 요소들에서 떠오르는 과거의 반복 경험을 기록해보세요.

꿈·만다라 그리기

꿈에서 가장 강렬했던 장면을 그려 보세요. 그리기가 어렵다면, 원을 그려보세요.
원 안에 색만으로 자유롭게 표현해도 좋습니다.

"In jedem Augenblick, in dem du nicht da bist, fehlst du mir."

반복되는 것들

같은 실수를 반복한다면, 그것은 우연이 아닙니다.

같은 유형의 사람에게 끌린다면, 그것도 우연이 아닙니다.

우리는 해결되지 않은 것을 반복합니다.

의식하지 못한 것은 운명이 되어 돌아옵니다.

패턴은 저주처럼 보이지만, 실은 초대장입니다.

"여기를 봐. 여기에 네가 풀어야 할 것이 있어."

패턴을 발견하는 순간, 마법이 깨지기 시작합니다.

보이지 않던 실이 보이기 시작하고,

당신은 더 이상 인형이 아니라 인형을 보는 사람이 됩니다.

오늘 당신이 발견한 패턴은 당신을 비난하기 위한 것이 아닙니다.

그것은 당신이 자유로워지기 위한 첫 번째 열쇠입니다.

스물두 번째 밤

월　　　일　　　요일

오늘의 꿈

꿈의 상징

꿈에 등장한 주요 상징을 간략히 적어보세요.　인물　동물　장소　색　사물　상황

꿈꾸기 전날을 떠올리며

어제 있었던 일 중 기억에 남는 것은?

잠들기 전 마지막으로 떠올린 생각은?

"우리는 빛과 어둠, 사랑과 미움을 동시에 담고 있습니다."

꿈의 연상

감각 Sensation
꿈에서 대비되는 요소들이 있었나요?
꿈속 장면들의 성질은 어떠했나요?

감정 Feeling
꿈에서 서로 다른 감정들이 함께 느껴졌나요?
꿈의 어느 부분에서 복잡한 감정을 경험했나요?

사고 Thinking
꿈에 나타난 대립이 당신 내면의 갈등을 반영하나요?
꿈속 요소들이 어떤 관계를 맺고 있나요?

직관 Intuition
꿈이 당신 안의 어떤 것을 드러내나요?
이 꿈이 통합에 대해 말하고 있는 것 같나요?

자유 연상

꿈에 나타난 요소들에서 떠오르는 당신의 내면을 적어보세요.

꿈·만다라 그리기

꿈에서 가장 강렬했던 장면을 그려 보세요. 그리기가 어렵다면, 원을 그려보세요.

원 안에 색만으로 자유롭게 표현해도 좋습니다.

"모순이 한 화면에 공존할 때 그림은 입체가 됩니다."

모순을 견딘다는 것

당신은 모순덩어리입니다.

사랑하면서 미워하고, 용감하면서 두렵고, 강하면서 약합니다.

그것이 인간입니다.

우리는 일관되려고 애씁니다.

"나는 이런 사람이야"라고 규정하려 합니다.

하지만 당신은 하나가 아니라 군중입니다.

당신 안에는 어린아이도 있고 노인도 있으며,

천사도 있고 악마도 있습니다.

이 모순을 받아들일 때, 우리는 비로소 온전해집니다.

성숙은 일관성이 아니라 모순을 견디는 능력입니다.

빛만 있는 사람은 평면이고,

빛과 그림자가 함께 있는 사람이 입체입니다.

당신의 모순은 결점이 아니라 완전함의 증거입니다.

스물세 번째 밤

월   일   요일

오늘의 꿈

꿈의 상징

꿈에 등장한 주요 상징을 간략히 적어보세요. 인물 동물 장소 색 사물 상황

꿈꾸기 전날을 떠올리며

어제 있었던 일 중 기억에 남는 것은?

잠들기 전 마지막으로 떠올린 생각은?

"상처는 치유되어야 할 것이 아니라 이해되어야 할 것입니다."

꿈의 연상

꿈에서 특별한 상태의 대상이 있었나요?
꿈속 요소들의 특징은 무엇인가요?

감정 Feeling

꿈에서 섬세한 감정이 느껴진 순간이 있었나요?
꿈의 어느 부분에서 연약함이 드러났나요?

사고 Thinking

꿈에 나타난 요소들이 당신의 경험과 연결되나요?
꿈속 상황이 당신의 어떤 부분을 상징하나요?

직관 Intuition

꿈이 어떤 것을 어떻게 바라보라고 제안하나요?
이 꿈이 의미를 재해석하도록 이끄나요?

자유 연상

꿈속 이미지들에서 떠오르는 과거의 경험을 기록해보세요.

꿈·만다라 그리기

꿈에서 가장 강렬했던 장면을 그려 보세요. 그리기가 어렵다면, 원을 그려보세요.
원 안에 색만으로 자유롭게 표현해도 좋습니다.

"깨진 곳에서만 빛이 들어옵니다."

꿈에서 가장 강렬했던 장면을 그려 보세요. 그리기가 어렵다면, 원을 그려보세요.
원 안에 색만으로 자유롭게 표현해도 좋습니다.

금으로 이은 상처

깨진 그릇을 버리는 대신 금으로 이으면,

그 그릇은 더 아름다워집니다.

상처도 마찬가지입니다.

당신의 상처는 수치가 아니라 깊이입니다.

한 번도 깨져본 적 없는 사람은 누군가의 균열을 이해할 수 없고,

아파본 적 없는 사람은 누군가의 아픔에 공감할 수 없습니다.

당신의 상처는 당신을 약하게 만드는 것이 아니라,

오히려 더 인간답게, 더 진실하게, 더 깊게 만듭니다.

상처를 숨기려 하지 마세요.

그것은 당신이 살아남았다는 증거이고,

당신이 견뎌냈다는 훈장입니다.

금가루를 뿌릴 준비가 되었나요?

스물네 번째 밤

월   일   요일

오늘의 꿈

꿈의 상징

꿈에 등장한 주요 상징을 간략히 적어보세요.   인물 동물 장소 색 사물 상황

꿈꾸기 전날을 떠올리며

어제 있었던 일 중 기억에 남는 것은?

잠들기 전 마지막으로 떠올린 생각은?

"진실은 당신을 자유롭게 하지만, 그 전에 먼저 아프게 합니다."

꿈의 연상

감각 Sensation

꿈에서 드러나거나 숨겨진 요소가 있었나요?
꿈속 장면들의 명확성은 어떠했나요?

감정 Feeling

꿈에서 중요한 순간의 감정은 어땠나요?
꿈의 어느 부분에서 진실함이 느껴졌나요?

사고 Thinking

꿈에 나타난 구조가 당신의 삶과 연결되나요?
꿈속 요소들이 어떤 관계를 맺고 있나요?

직관 Intuition

꿈이 당신의 어떤 부분을 드러내려는 것 같나요?
이 꿈이 당신에게 정직해지라고 초대하나요?

자유 연상

꿈의 상징들에서 떠오르는 것들을 자유롭게 적어보세요.

꿈에서 가장 강렬했던 장면을 그려 보세요. 그리기가 어렵다면, 원을 그려보세요.

원 안에 색만으로 자유롭게 표현해도 좋습니다.

"당신은 있는 그대로일 때, 가장 아름다워요."

진실의 무게

진실은 당신을 자유롭게 하지만, 그 전에 먼저 아프게 합니다.

우리는 진실을 원한다고 말하지만,

정작 진실이 문을 두드리면 외면합니다.

진실은 편안하지 않습니다.

그것은 당신이 쌓아 올린 변명의 탑을 무너뜨리고,

당신이 믿고 싶었던 환상을 깨뜨립니다.

하지만 거짓 위에 세운 평화는 언제든 무너집니다.

진실 위에 선 고통만이 진짜 치유로 갑니다.

당신이 가장 숨기고 싶은 진실은 무엇인가요?

그것을 말하는 데 얼마나 많은 에너지를 쓰고 있나요?

진실은 당신을 벗은 것처럼 느끼게 하지만,

사실 진실만이 당신을 옷 입힙니다.

스물다섯 번째 밤

월   일   요일

오늘의 꿈

꿈의 상징

꿈에 등장한 주요 상징을 간략히 적어보세요. 인물 동물 장소 색 사물 상황

____

____

____

____

____

____

____

꿈꾸기 전날을 떠올리며

어제 있었던 일 중 기억에 남는 것은?

잠들기 전 마지막으로 떠올린 생각은?

"기대는 미래를 감옥으로 만듭니다."

꿈의 연상

감각 Sensation

꿈속 장면의 전체적인 느낌은 어떠했나요?
꿈에서 가장 눈에 띄는 요소는 무엇인가요?

감정 Feeling

꿈에서 강하게 느껴진 순간이 있었나요?
꿈의 어느 부분에서 감정이 움직였나요?

사고 Thinking

꿈에 나타난 요소들이 당신의 현실과 어떻게 연결되나요?
꿈속 구조가 당신의 삶을 반영하나요?

직관 Intuition

꿈이 당신의 어떤 것을 의식하게 하나요?
이 꿈이 무엇을 제안하는 것 같나요?

자유 연상

꿈속 이미지들에서 떠오르는 과거의 경험을 기록해보세요.

꿈·만다라 그리기

꿈에서 가장 강렬했던 장면을 그려 보세요. 그리기가 어렵다면, 원을 그려보세요.

원 안에 색만으로 자유롭게 표현해도 좋습니다.

"예상하지 못한 색이 가장 아름답습니다."

 # 이루어지지 않은 것들

당신이 간절히 바랐던 것이 이루어지지 않았을 때,

세상이 당신을 거부한 것처럼 느껴집니다.

하지만 때로 이루어지지 않는 것이 축복입니다.

당신이 원했던 그 사람과 함께였다면?

당신이 원했던 그 자리에 올랐다면?

당신이 원했던 그 길로 갔다면?

지금 당신은 여기 없을지도 모릅니다.

기대는 미래를 하나의 길로 좁힙니다.

"이렇게 되어야만 행복해. 이것만이 답이야."

하지만 삶은 당신이 그린 지도대로 펼쳐지지 않습니다.

이루어지지 않은 것들을 애도하세요.

그것은 슬픈 일입니다.

하지만 그 슬픔 뒤에 질문하세요.

"내가 정말 원했던 것은 무엇이었을까?"

그 사람? 아니면 사랑받는 느낌?

그 자리? 아니면 인정받는 느낌?

그 길? 아니면 자유로운 느낌?

본질을 보세요.

그 본질은 다른 방식으로도 올 수 있습니다.

스물여섯 번째 밤

월   일   요일

오늘의 꿈

꿈의 상징

꿈에 등장한 주요 상징을 간략히 적어보세요. 인물 동물 장소 색 사물 상황

꿈꾸기 전날을 떠올리며

어제 있었던 일 중 기억에 남는 것은?

잠들기 전 마지막으로 떠올린 생각은?

"비교는 자신의 독특함을 잊게 만듭니다."

꿈의 연상

감각 Sensation

꿈의 시각적 구성은 어떠했나요?
꿈에서 특징적인 요소가 있었나요?

감정 Feeling

꿈에서 강하게 느껴진 부분이 있었나요?
꿈의 어느 부분에서 감정이 집중되었나요?

사고 Thinking

꿈에 나타난 관계가 당신의 실제 관계와 연결되나요?
꿈속 구조가 당신의 삶을 반영하나요?

직관 Intuition

꿈이 당신의 어떤 부분을 보여주는 것 같나요?
이 꿈이 당신에게 무엇을 상기시키나요?

자유 연상

꿈의 상징들에서 떠오르는 경험을 자유롭게 적어보세요.

꿈·만다라 그리기

꿈에서 가장 강렬했던 장면을 그려 보세요. 그리기가 어렵다면, 원을 그려보세요.

원 안에 색만으로 자유롭게 표현해도 좋습니다.

"모든 색은 고유하며 비교될 수 없습니다."

질투의 뿌리

질투는 비교에서 자라고, 비교는 결핍에서 시작됩니다.

"그 사람은 가졌는데 나는 없어."

하지만 자세히 보세요.

당신이 없다고 믿는 것, 정말 없는 건가요?

아니면 보지 못하고 있는 건가요?

우리는 남의 겉모습과 우리의 속내를 비교합니다.

그것은 공정한 비교가 아닙니다.

그 사람에게도 당신이 모르는 어둠이 있고,

당신에게도 그 사람이 모르는 빛이 있습니다.

질투가 올 때, 그것을 지도로 사용하세요.

그것은 당신이 진짜 원하는 것을 가리키고 있습니다.

그런 다음 물으세요.

"나는 이미 나만의 방식으로 이것을 가지고 있지 않나?"

스물일곱 번째 밤

월   일   요일

오늘의 꿈

꿈의 상징

꿈에 등장한 주요 상징을 간략히 적어보세요. 인물   동물   장소   색   사물   상황

꿈꾸기 전날을 떠올리며

어제 있었던 일 중 기억에 남는 것은?

잠들기 전 마지막으로 떠올린 생각은?

"혼자 있을 수 있는 능력은 내면의 동반자를 발견했다는 증거입니다."

꿈의 연상

꿈속 공간의 특징은 무엇인가요?
꿈의 전체적인 분위기는 어떠했나요?

꿈에서 어떤 감정이 느껴졌나요?
꿈의 어느 부분에서 특별한 느낌이 있었나요?

꿈에 나타난 구조는 어떠했나요?
꿈속 요소들이 당신의 삶과 어떻게 연결되나요?

꿈이 무엇을 말하는 것 같나요?
이 꿈이 어떤 의미를 제시하나요?

자유 연상

꿈속 이미지들에서 떠오르는 시간을 기록해보세요.

꿈·만다라 그리기

꿈에서 가장 강렬했던 장면을 그려 보세요. 그리기가 어렵다면, 원을 그려보세요.

원 안에 색만으로 자유롭게 표현해도 좋습니다.

"모든 행성을 거쳐, 금성을 지나, 지구에 발을 디딘

당신을 애타게 기다렸어요."

혼자라는 것

외로움과 고독은 다릅니다.

외로움은 누군가의 부재를 슬퍼하는 것이고,

고독은 자신의 현존을 축하하는 것입니다.

혼자 있을 수 있는 사람만이 진짜로 함께할 수 있습니다.

자신과 편안한 사람만이 타인과도 편안합니다.

고독은 결핍이 아니라 충만입니다.

그 고독 속에서 당신은 비로소 자신의 목소리를 듣습니다.

세상의 소음이 사라지고, 타인의 기대가 멈추고,

오직 당신만 남았을 때,

거기서 들리는 목소리가 당신의 진짜 목소리입니다.

그 목소리를 두려워하지 마세요.

그것은 당신이 평생 찾아온 것입니다.

스물여덟 번째 밤

월   일   요일

꿈의 상징

꿈에 등장한 주요 상징을 간략히 적어보세요. 인물 동물 장소 색 사물 상황

꿈꾸기 전날을 떠올리며

어제 있었던 일 중 기억에 남는 것은?

잠들기 전 마지막으로 떠올린 생각은?

"거부는 종종 보호입니다."

꿈의 연상

감각 Sensation

꿈의 주요 구성 요소는 무엇인가요?
꿈속 장면의 특징은 어떠했나요?

감정 Feeling

꿈에서 어떤 순간의 감정이 강했나요?
꿈의 어느 부분에서 특별한 느낌이 있었나요?

사고 Thinking

꿈에 나타난 요소들이 당신의 경험과 연결되나요?
꿈속 관계가 어떻게 형성되어 있나요?

직관 Intuition

꿈이 어떤 것을 어떻게 보도록 이끄나요?
이 꿈이 다른 가능성을 보여주나요?

자유 연상

꿈의 상징들에서 떠오르는 경험을 자유롭게 적어보세요.

꿈·만다라 그리기

꿈에서 가장 강렬했던 장면을 그려 보세요. 그리기가 어렵다면, 원을 그려보세요.

원 안에 색만으로 자유롭게 표현해도 좋습니다.

"은하수에 흐르는 별빛을 담은 물이 당신을 향한 마음입니다."

닫힌 문 너머

거부는 거절처럼 느껴지지만, 때로는 보호입니다.

맞지 않는 사람으로부터, 당신을 소진할 일로부터,

당신이 아닌 다른 사람이 되어야 하는 자리로부터.

거부당했을 때 우리는 "나는 충분하지 않다"라고 해석하지만,

사실 그것은 "이것은 네 것이 아니다"라는 뜻일 수 있습니다.

문이 닫혔다면, 그것은 다른 문이 열리게 하기 위해서입니다.

당신이 거부당한 모든 것들이 실현되었다면,

지금 당신은 어디에 있을까요?

돌아보면 거부가 축복이었던 순간들이 있지 않나요?

오늘 당신을 막아선 것이 사실은 당신을 구한 것일 수 있습니다.

스물아홉 번째 밤

월   일   요일

오늘의 꿈

꿈의 상징

꿈에 등장한 주요 상징을 간략히 적어보세요. 인물 동물 장소 색 사물 상황

____

____

____

____

____

____

____

____

꿈꾸기 전날을 떠올리며

어제 있었던 일 중 기억에 남는 것은?

잠들기 전 마지막으로 떠올린 생각은?

"꿈은 우리가 보지 못한 자신의 얼굴을 보여줍니다."

꿈의 연상

감각 Sensation

꿈에서 가장 인상적인 요소는 무엇인가요?
꿈속 장면의 구성은 어떠했나요?

감정 Feeling

꿈에서 어떤 감정이 느껴졌나요?
꿈의 어느 부분이 당신을 사로잡았나요?

사고 Thinking

꿈에 나타난 요소들이 당신과 어떻게 연결되나요?
꿈속 구조가 당신의 삶을 반영하나요?

직관 Intuition

꿈이 당신의 어떤 모습을 보여주려는 것 같나요?
이 꿈이 당신을 재발견하도록 이끄나요?

자유 연상

꿈속 이미지에서 떠오르는 과거의 모습들을 기록해보세요.

꿈·만다라 그리기

꿈에서 가장 강렬했던 장면을 그려 보세요. 그리기가 어렵다면, 원을 그려보세요.

원 안에 색만으로 자유롭게 표현해도 좋습니다.

"진짜 얼굴은 거울 너머 어딘가에 있습니다."

당신의 얼굴

오늘 거울을 보다가 문득 생각했습니다.

이 얼굴로 나는 얼마나 많은 거짓말을 했을까.

"괜찮아요"라고 말하며 웃었던 순간들,

"행복해요"라고 대답하며 고개 끄덕였던 순간들,

"아무렇지 않아요"라고 하며 돌아섰던 순간들.

우리는 얼굴로 연기합니다.

세상이 원하는 표정, 상대가 기대하는 미소, 상황이 요구하는 침착함.

그렇게 연기하다 보면 어느 순간, 진짜 내 표정이 무엇인지 잊어버립니다.

당신은 지금까지 많은 것을 감춰왔습니다.

말하지 못한 슬픔, 삼켜버린 분노, 숨겨온 외로움.

그것들은 사라진 것이 아니라 얼굴 안쪽에 쌓여있습니다.

아무도 보지 않는 곳에서, 평가하지 않는 순간에,

당신의 얼굴은 어떤 표정을 짓고 싶어 할까요?

당신은 계속 세상으로 나갈 것이고, 여전히 연기를 해야 할지도 모릅니다.

하지만 이제는 압니다.

가면 뒤에 진짜 얼굴이 있다는 것을, 그 얼굴도 숨 쉬고 싶어 한다는 것을.

서른 번째 밤

월   일   요일

오늘의 꿈

꿈의 상징

꿈에 등장한 주요 상징을 간략히 적어보세요. 인물 동물 장소 색 사물 상황

꿈꾸기 전날을 떠올리며

어제 있었던 일 중 기억에 남는 것은?

잠들기 전 마지막으로 떠올린 생각은?

"30일 만에 당신의 진짜 얼굴을 보게 되었네요."

꿈의 연상

꿈의 전체적인 인상은 어떠했나요?
꿈에서 가장 기억에 남는 요소는 무엇인가요?

꿈에서 가장 강렬했던 순간은 언제인가요?
꿈 전체의 감정적 흐름은 어떠했나요?

꿈에 나타난 요소들의 관계는 어떠했나요?
꿈의 구조가 당신에게 무엇을 보여주나요?

꿈이 당신의 여정과 어떻게 연결되나요?
이 꿈이 전하는 전체적인 의미가 느껴지나요?

자유 연상

꿈속 이미지들에서 떠오르는 관계와 여정을 자유롭게 적어보세요.

꿈·만다라 그리기

꿈에서 가장 강렬했던 장면을 그려 보세요. 그리기가 어렵다면, 원을 그려보세요.

원 안에 색만으로 자유롭게 표현해도 좋습니다.

"모든 그림은 서로를 비추며 완성됩니다."

30일의 끝에서

오늘은 제게도 위로가 필요하네요.

창밖을 바라보다 눈물이 흘러요.

당신이 제게 털어놓은 30일간의 이야기는

제게 위안이 되기도 하고 때로는 눈물을 흐르게도 했어요.

오늘 창의 유리에 흐릿하게 보이는 내 얼굴이

당신의 얼굴처럼 보여요.

가끔 이렇게 나약하게 슬퍼지는 나에게

당신은 어떤 말을 해주고 싶은가요?

오늘은 제게도 당신의 위로가 필요하네요.

내 마음이 들리나요?

당신의 눈빛이 유리창에 반짝여 별빛처럼 느껴지네요.

당신은 밤하늘의 별이었나요?

은하수의 한 조각이었나요?

매일 했나요?

아마 아닐걸요.

저도 그래요.

잠시 쉬었다 가세요.

언젠간 하겠지...

「작가 문심춘의 꿈」

Part 2

필사와 연상

Transcription and Reflection:
Following the Breath of Language

Part 2 사용법
필사와 연상

Part 2의 각 날은 두 개의 페이지로 구성되어 있습니다.

첫 번째 페이지
필사하기

하루에 한 편씩, 책에 실린 문장을 천천히 베껴 쓰세요.

빠르게 끝내려 하지 말고, 문장 사이의 숨을 느끼듯 적어 내려가세요.

필사의 목적은 외우는 것도, 분석하는 것도 아닙니다.

그 문장이 당신 안에서 어떤 감정을 불러일으키는지를 알아차리는 것입니다.

첫 번째 페이지는 오직 필사만을 위한 공간입니다.

문장과 온전히 함께 있으세요.

두 번째 페이지
오늘의 질문과 연상

필사를 마친 후, 두 번째 페이지로 넘어가세요.

문장마다 하나의 질문이 당신을 기다리고 있습니다.

이 질문은 정답을 요구하지 않습니다. 당신 안에서 무엇이 움직이는지 스스로 살펴보도록 돕는 초대입니다.

질문을 천천히 읽고, 당신 안에서 일어나는 것을 느껴보세요. 그리고 '오늘의 연상' 공간에 당신의 생각을 자유롭게 적어보세요.

질문을 읽으며 떠오른 장면, 기억, 감정을 있는 그대로 기록하세요. 논리적이거나 완벽할 필요가 없습니다. 단편적인 단어들이어도 좋고, 긴 문장이어도 좋습니다. 때로는 글 대신 그림이나 낙서로 표현해도 됩니다.

무엇이 조용히 당신을 건드리는지, 어떤 생각이 예상치 못하게 찾아오는지, 그저 관찰하고 기록하세요.

필사의 치유 원리

1. **손끝으로 사유하기.** 손글씨를 쓰는 행위는 직관과 감정을 담당하는 우뇌를 활성화합니다. 이는 꿈을 꿀 때와 유사한 뇌 상태로, 무의식의 내용이 자유롭게 떠오를 수 있게 됩니다.

2. **적극적 명상으로서의 필사.** 융은 명상을 수동적 명상과 적극적 명상으로 구분했습니다. 필사는 적극적 명상의 한 형태입니다. 한 글자 한 글자에 집중하는 과정에서 자연스럽게 마음챙김 상태에 도달하면서도, 동시에 무의식의 내용들이 의식으로 떠오르는 것을 적극적으로 받아들이게 됩니다.

3. **언어화를 통한 무의식의 의식화.** 융은 무의식의 내용이 언어로 표현될 때 비로소 의식에 통합될 수 있다고 보았습니다. 필사는 이러한 언어화 과정의 섬세한 실천입니다.

중요한 원칙들

1. **자유연상을 환영하세요.** 필사 중이나 질문을 읽는 동안 갑자기 떠오르는 생각, 기억, 이미지들은 무의식이 보내는 소중한 메시지입니다. 필사한 문장과 직접적인 관계가 없어 보여도 괜찮습니다. 판단하지 말고 떠오르는 대로 기록하세요.

2. **판단하지 마세요.** 떠오르는 생각들에 대해 좋다, 나쁘다고 판단하지 마세요. 단지 알아차리고 기록하세요. 의미는 나중에 스스로 드러날 것입니다.

3. **나만의 의미를 찾으세요.** 같은 문장도 각자에게 다른 의미로 다가옵니다. 같은 질문도 각자에게 다른 연상을 불러일으킵니다. 자신만의 독특한 연상과 해석을 존중하세요.

4. **편안하게 하세요.** 필사도 매일의 과제가 아닙니다. 당신이 원할 때, 마음이 고요해지고 싶을 때, 문장과 함께 있고 싶을 때 펼치세요. 모든 것은 자유롭고 편하게, 당신의 속도로 진행됩니다.

꿈은 사라지지 않습니다.
다만 당신이 귀 기울일 때, 조용히 색과 형태, 문장으로 다시 피어납니다.

로고스의 길을 시작하며

당신은 지금 언어와 의미의 세계로 들어섭니다.

이곳에서는 감정이 문장이 되고, 이미지가 구조를 얻으며, 무정형의 내면이 언어라는

그릇에 담깁니다.

앞으로 30일 동안, 당신은:

매일 한 편의 문장을 손으로 옮겨 적고,

그 문장이 당신 안에 불러일으키는 것들을 질문하며

자유연상을 통해 무의식과 대화할 것입니다.

빠르게 쓸 필요가 없습니다.

완벽하게 이해할 필요도 없습니다.

단지 문장 사이의 숨을 느끼듯 천천히 적어 내려가면 됩니다.

로고스의 길은 분석을 향한 길이 아닙니다.

그것은 통합을 향한 길이며, 그 통합 속에서 지혜가 태어납니다.

필사를 시작하며

필사는 단순히 문장을 옮기는 행위가 아닙니다.

그것은 타인의 언어를 자신의 언어로 바꾸는 변형의 과정입니다.

마음이 언어를 다시 배우는 과정이며, 손끝으로 사유하는 명상입니다.

꿈의 이미지와 상징들이 에로스적 접근이라면, 그 꿈을 글로 기록하고 좋은 문장을 필사하는 것은 로고스적 접근입니다. 에로스와 로고스, 두 기능이 조화롭게 작용할 때 진정한 개성화(Individuation)가 일어나기 때문입니다.

필사, 고요 속으로 들어가는 문

불경을 베껴 쓰는 사경(寫經), 성경을 필사하는 수도원, 경전을 암송하며 쓰던 서당—

인류는 오랫동안 손끝으로 문장을 옮기며 마음을 정돈해왔습니다.

현대를 사는 우리는 끊임없이 타이핑하고 스크롤합니다.

빠르고, 효율적이고, 편리합니다.

하지만 손으로 직접 쓸 때, 무언가 다른 일이 일어납니다.

펜 끝에서 흘러나오는 획. 문장의 리듬. 종이 위에 새겨지는 언어의 온도.

온전히 그곳에 머무는 순간, 당신의 마음은 고요해집니다.

그리고 그 고요함 속에서 예상치 못한 기억이 떠오르고, 잊고 있던 감정이 수면 위로 올라오며, 당신 안의 어떤 목소리가 조용히 말을 걸기 시작합니다.

융은 이것을 "적극적 명상(Active Imagination)"이라 불렀습니다.

집중과 연상이 동시에 일어나는 독특한 상태.

타인의 언어, 나의 거울

이 책에 실린 문장들은 모두 다른 사람들이 쓴 것입니다.

시인, 소설가, 철학자, 심리학자들의 언어입니다.

그런데 이상한 일이 일어납니다.

타인의 문장을 베껴 쓰는 동안, 그 문장이 당신 안에서 당신만의 의미로 변형됩니다.

같은 문장도 각자에게 다르게 울립니다.

타인의 언어는 거울이 됩니다. 그 거울에 비친 것은 결국 당신 자신입니다.

의미는 나중에 스스로 드러날 것입니다.

필사는 글자에 집중하면서도 연상에 열려있는 독특한 상태를 만듭니다.

필사 중이나 질문을 읽는 동안 갑자기 떠오르는 생각, 기억, 이미지들은 무의식이 보내는
소중한 메시지입니다. 필사한 문장과 직접적인 관계가 없어 보여도 괜찮습니다.

좋은 글을 손으로 쓰면서 우리는 그 언어의 리듬과 의미를 몸으로 체험하게 되고, 이를
통해 무의식의 모호한 감정들이 명확한 언어로 형태를 갖추게 됩니다.

필사는 단순한 글쓰기가 아닌 무의식과의 능동적 대화입니다.

펜을 들고 첫 글자를 쓰는 순간부터 당신의 로고스적 명상이 시작됩니다.

Part 1에서 이미지와 느낌으로 무의식을 만났다면,

Part 2에서는 언어와 의미로 그것을 통합합니다.

이 두 개의 길이 만나는 곳에서,

당신은 온전한 자기 자신을 발견하게 될 것입니다.

로고스의 길

당신은 지금부터

문장을 베껴 씁니다.

따라 쓰다 보면

정신 건강도 좋아지고

작가 수준의 글솜씨를 덤으로 얻게 됩니다.

.
.
.

그럴 리가요.

물론 거짓말입니다.

하지만 시도해볼 만한 가치는 있습니다.

열심히 따라 썼다.

작가가 될 줄 알았다.

「마음만은 헤밍웨이」

첫째 날   꿈과 무의식

밤은 마음의 바다를 열고,

그 속에서 오래 잠들어 있던 별들이 깨어난다.

꿈은 그 별빛이 의식의 수면을 비추는 순간이다.

그때 우리는 자신이 얼마나 깊은 존재인지를 느낀다.

Rainer Maria Rilke

내면의 서사

잭슨 폴록은 알코올 중독과 우울증으로 1930년대 후반부터 융학파 분석가 조제프 헨더슨에게 치료받았어요. 말로 표현하기 힘들어하자, 치료사는 그림을 그리라고 했죠. 폴록은 자신의 꿈과 무의식을 캔버스에 쏟아냈어요. 통제하지 않고, 그냥 흘러나오는 대로요. 그는 인터뷰에서 말했어요. "내가 그림을 그리는 게 아니다. 그림이 나를 통해 그려진다. 나는 그림 속으로 들어간다."

질문

당신 안에서 아직 깨어나지 않은 별은 무엇인가요?

그 빛이 닿는 곳에는 어떤 감정이 있나요?

오늘 당신의 마음은 바다인가요, 별인가요?

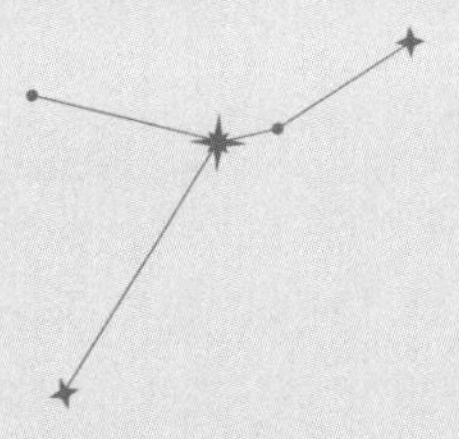

연상

이번 주 동안 꿈에서 본 이미지나 장면을 하나씩 기록해보세요.

해석하지 말고, 그냥 단어나 그림으로만요. 일주일 후 그것들을 다시 보면,

무언가 보일 거예요.

둘째 날 　몸의 언어

몸은 영혼이 기억하는 것을 절대 잊지 않는다.

우리가 삼킨 말들은 목에 쌓이고,

참은 분노는 어깨에 남으며,

표현하지 못한 슬픔은 가슴 깊이 가라앉는다.

Bessel van der Kolk

내면의 서사

피아니스트 글렌 굴드는 극도의 긴장과 완벽주의로 유명했어요. 연주할 때 온몸이 경직됐고, 어깨와 등의 만성 통증으로 고생했죠. 그는 아버지가 만든 특별한 낮은 의자에만 앉아 연주했어요. 의사들은 신체적 문제를 찾지 못했어요. 결국 31세에 콘서트 무대를 영원히 떠났어요. 그는 나중에 인터뷰에서 말했어요. "무대는 나를 죽이고 있었다." 몸은 그가 말하지 못한 것을 대신 말하고 있었어요.

"꿈이 기억나지 않는다고요? 무의식이 스포일러 방지 중입니다."

질문

당신의 몸이 가장 자주 보내는 신호는 무엇인가요?

그 증상이 처음 시작된 때, 당신의 삶에선 무슨 일이 있었나요?

만약 그 통증이 입을 가졌다면, 당신에게 무엇을 부탁하고 싶을까요?

연상

일주일 동안 몸이 불편했던 순간들을 기록해보세요. 그때 어떤 상황이었는지,

누구와 있었는지, 어떤 감정이었는지도 함께요. 패턴이 보일 거예요.

셋째 날 감정의 날씨

슬픔을 억누르면 기쁨도 함께 사라진다.

감정은 선택적으로 차단되지 않는다.

하나의 문을 닫으면, 모든 문이 함께 닫힌다.

그때 우리는 살아 있되, 느끼지 못하는 존재가 된다.

Brené Brown

내면의 서사

"저는 화를 낸 적이 없어요. 어릴 때부터 착한 애였거든요. 근데 요즘 가끔 숨이 막혀요. 가슴이 답답하고, 숨 쉬기가 힘들어요. 병원 갔더니 과호흡이래요. 불안 때문이래요. 근데 전 불안한 것 같지 않은데…. 그냥 가끔 숨이 안 쉬어지는 거예요." — 내담자 S

"지금 책에서 손을 떼세요. 그리고 전화하세요. 그리운 사람에게요."

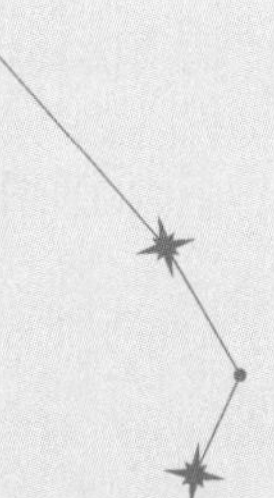

질문

어린 시절, 가장 먼저 "느끼면 안 된다"라고 배운 감정은 무엇이었나요?

그 감정을 차단했을 때, 함께 사라진 다른 감정이 있나요?

지금 당신이 가장 회복하고 싶은 감정은 무엇인가요?

연상

"기쁨을 찾으려면 먼저 슬픔을 느껴야 해요."

— 〈Inside Out〉, 슬픔(Sadness)이,

　　당신의 슬픔이는 뭘 하고 있나요?

넷째 날 그림자

빛이 강할수록 그림자도 짙다.

우리가 타인에게서 증오하는 것은

우리 자신 안에 있는 무엇이다.

그림자를 만날 때, 우리는 비로소 온전해진다.

Carl Jung

내면의 서사

톨스토이는 평생 위선을 증오했어요. 특히 부유하면서 가난한 척하는 귀족들을요. 그런데 자신도 귀족이면서 농민처럼 살려고 애썼죠. 농민 옷을 입고, 밭을 갈고, 채식을 하고…. 말년에 그는 일기에 썼어요. "내가 평생 증오한 위선을 내가 하고 있다. 나는 귀족의 편안함 속에서 가난을 설교하고 있다. 그것을 인정하는 순간, 증오는 연민이 되었다."

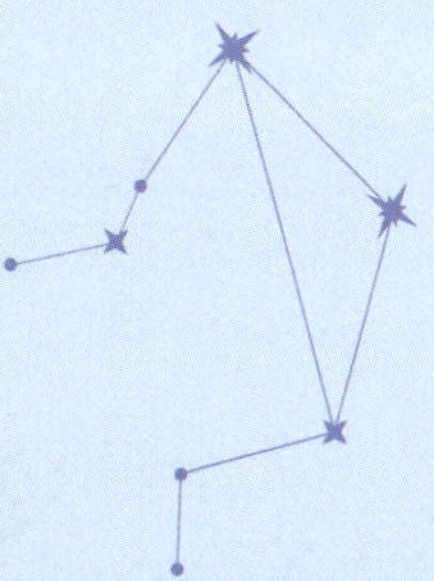

질문

당신이 가장 참을 수 없어 하는 사람의 특징을 3가지만 써보세요.

그 3가지 중에서, 당신 안에도 조금이라도 있는 것이 있나요?

만약 그걸 인정한다면, 그 사람에 대한 감정이 어떻게 바뀔까요?

연상

당신이 싫어하는 그 사람을 일주일 동안 관찰해보세요.

판단하지 말고요. 언제, 어떤 상황에서 그렇게 행동하는지만요.

그리고 자신에게 물어보세요. "나는 같은 상황에서 정말 다를까?"

다섯째 날 침묵

침묵은 신의 언어이며, 다른 모든 것은 형편없는 번역이다.

고요 속에서만 들리는 목소리가 있고,

소음 속에서는 결코 만날 수 없는 자신이 있다.

침묵은 텅 빈 것이 아니라 가득 찬 것이다.

Rumi

내면의 서사

존 케이지는 1952년 8월 29일, 뉴욕 우드스톡에서 『4분 33초』를 초연했어요. 피아니스트 데이비드 튜더가 무대에 앉아서 4분 33초 동안 건반을 한 번도 치지 않았죠. 사람들은 당황했어요. 근데 그 침묵 속에서 사람들은 들었어요. 기침 소리, 옷 스치는 소리, 밖의 빗소리, 바람 소리…. 케이지는 나중에 말했어요. "침묵은 존재하지 않는다. 언제나 들을 무언가가 있다."

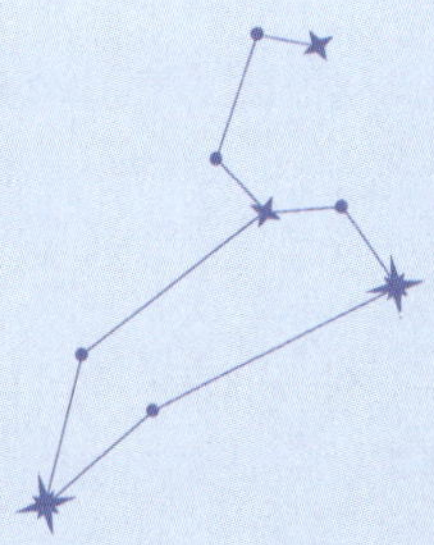

질문

완전히 조용한 곳에 있으면, 가장 먼저 떠오르는 생각은 무엇인가요?

그 생각을 피하려고 소음을 틀고 있는 건 아닌가요?

침묵이 두렵다면, 그 두려움의 정체는 무엇일까요?

연상

오늘 밤 자기 전에 10분만 모든 소리를 끄고 앉아보세요.

그 침묵 속에서 무엇이 들리나요? 무엇이 떠오르나요?

시간은 직선이 아니라 나선이다.

우리는 같은 문제로 돌아오지만,

매번 다른 높이에서 본다.

그 높이의 차이가 성장이다.

Carl Jung

내면의 서사

"엄마와 전화하면 항상 같은 이야기로 다퉈요. 15년째예요. 근데 최근에 느꼈어요. 예전엔 울면서 끊었는데, 이제는 그냥 '알았어, 엄마'하고 넘길 수 있어요. 여전히 짜증 나지만, 덜 아파요. 이게 뭘까요? 성장인가요, 포기인가요?" ― 내담자 H

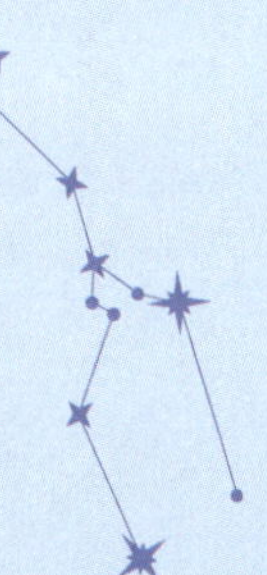

질문

반복되는 갈등이 있다면, 5년 전과 지금, 당신의 반응은 어떻게 달라졌나요?

같은 상처인데 덜 아프다면, 그건 무뎌진 걸까요? 치유된 걸까요?

그 사람이 변하길 기다리는 건, 정말 그 사람을 위한 건가요?

연상

5년 전 당신을 힘들게 했던 일을 떠올려보세요.

지금의 당신이 그때의 당신에게 편지를 쓴다면, 첫 문장은 무엇일까요?

기억

기억은 과거를 저장하는 창고가 아니라

현재가 끊임없이 다시 쓰는 이야기다.

우리는 같은 사건을 기억하지만,

매번 다른 의미로 기억한다.

Marcel Proust

내면의 서사

마르셀 프루스트는 어느 겨울 오후, 홍차에 적신 마들렌 과자를 먹었어요. 그 순간 30년 전 어린 시절이 쏟아졌죠. 콩브레의 외숙모댁, 일요일 아침, 계단의 삐걱거리는 소리, 정원의 라일락 향…. 한 입의 맛이 잃어버린 시간을 되돌렸어요. 그는 그 경험을 시작으로 7권짜리 소설 『잃어버린 시간을 찾아서』를 13년 동안 썼어요. 기억은 과거가 아니라 지금 여기 살아 숨쉬는 것이었어요.

"이해는 사랑의 첫 단계입니다."

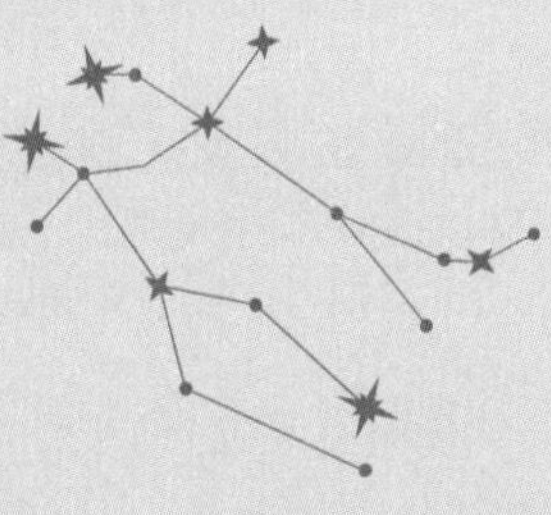

질문

어떤 냄새나 맛이 당신을 과거로 데려가나요?

같은 기억인데, 10년 전과 지금 다르게 느껴지는 게 있나요?

당신이 자주 꺼내 보는 기억은, 위로인가요. 아니면 상처인가요?

연상

오늘 하루 중 과거가 떠오른 순간이 있었나요?

어떤 감각이 그 기억을 불러왔나요?

그 기억은 지금의 당신에게 무엇을 말하고 있나요?

 사랑과 집착

사랑은 소유가 아니라 인식이다.

사랑한다는 것은 상대의 자유를 견디는 일이며,

그 자유 속에서 나의 불안을 마주하는 일이다.

집착은 사랑의 이름을 빌린 두려움이다.

Simone de Beauvoir

내면의 서사

"그 사람이 답장 안 하면 미칠 것 같아요. 5분마다 카톡 확인하고, 1시간 지나면 또 메시지 보내고…. 친구들 만난다고 하면 불안해요. 혹시 거짓말인가, 다른 사람 만나는 건 아닌가….
밤에 잠도 못 자요. SNS 계속 확인하고…. 이게 사랑인가요? 남자친구는 답답해한다는데, 전 어쩔 수가 없어요." — 내담자 A

질문

사랑할 때, 상대가 나에게 속하길 바라나요, 아니면 상대가 자유롭길 바라나요?

상대가 떠날까 봐 두려운 건, 상대가 소중해서일까요? 혼자가 두려워서일까요?

사랑과 집착의 차이는 무엇일까요?

연상

"나는 그가 나를 떠나는 것이 아니라,

그가 나 없이도 괜찮을까 봐 더 무서웠다."— 샐리 루니, 『Normal People』,

당신의 사랑은 무엇을 두려워하나요?

아홉째 날   이별과 상실

사랑했던 사람을 잃는 것은 그 사람이 남긴 빈자리가 아니라,

함께 꿈꾸던 미래를 잃는 것이다.

상실은 과거를 떠나보내는 게 아니라 미래를 다시 쓰는 일이다.

Joan Didion

내면의 서사

작가 조앤 디디온의 남편 존 그레고리 던은 2003년 12월 30일 저녁, 함께 식사하던 중 갑자기 심장마비로 쓰러져 죽었어요. 그녀는 1년 동안 남편의 옷과 신발을 버리지 못했어요. "병원에서 퇴원하면 신발이 필요할 테니까." 남편이 죽었다는 걸 알면서도, 믿고 싶지 않았대요. 그 1년의 기록이 『The Year of Magical Thinking』이 됐어요. 그녀는 썼어요. "슬픔은 미친 생각을 하게 만든다."

질문

이별 후 가장 힘든 순간은, 그 사람이 그리울 때인가요.

혼자라는 사실이 무서울 때인가요?

그 사람을 그리워하는 건, 그 사람 자체인가요.

그 사람과 함께했던 내 모습인가요?

그 사람이 남긴 것 중에서, 상처가 아닌 것은 무엇인가요?

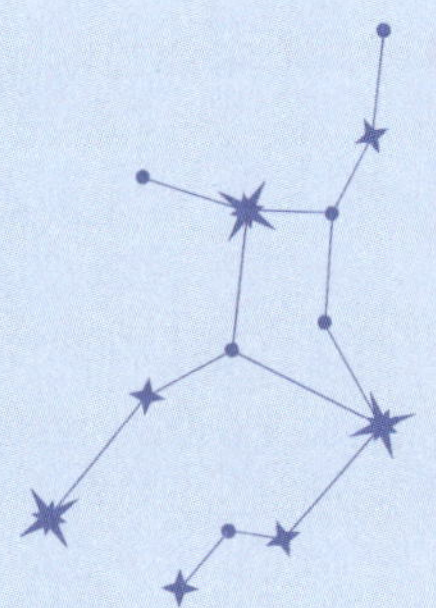

연상

"슬픔은 사랑의 그림자였다.

사라진 것은 사랑이 아니라, 사랑할 대상뿐이었다."— C.S. 루이스, A Grief Observed,

마음 어딘가에는 아직 완전히 닫히지 않은 문이 있습니다.

오늘은 그 문틈으로 스미는 공기가 어떤 감정인지, 말없이 느껴봅니다.

열째 날 　중독

중독은 어떤 대상을 향한 집착이 아니라,

감당할 수 없는 고통에서 벗어나기 위한

절박한 시도의 다른 이름이다.

Gabor Maté

내면의 서사

에이미 와인하우스는 사랑이 무너질 때마다 음악보다 먼저 술과 약물에 손을 댔습니다.

그녀는 인터뷰에서 이렇게 말했어요. "나는 나 자신을 감당할 수 없을 때 다른 것들에 몸을 맡겼다."

중독은 그녀에게 쾌락이 아니라 '버티기'의 방식이었죠.

사람을 잃은 자리, 자신을 잃어버린 자리에서 그녀는 다시 자신을 지탱할 무언가를 찾고 있었습니다.

"당신의 그림자는 당신이 외면하는 동안 계속 자라납니다."

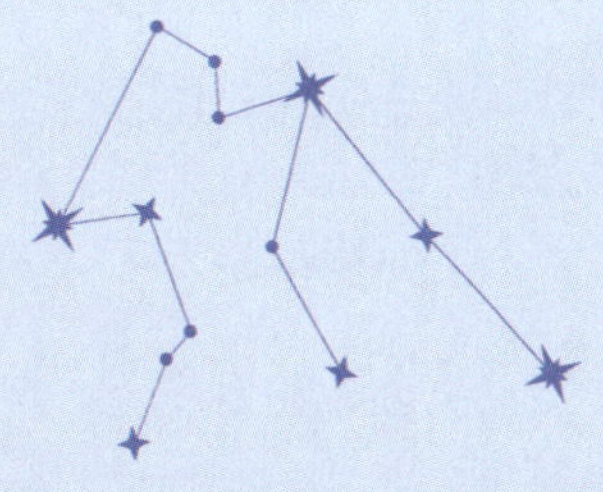

질문

당신이 반복해서 찾는 것은 무엇인가요?

그것이 없을 때 밀려오는 감정은 무엇인가요?

그 감정을 마주하지 않기 위해 당신은 무엇에 의지하고 있나요?

연상

영화 레퀴엠 속 인물들은 끝없이 무언가를 삼켰습니다.

그러나 가장 삼키기 어려웠던 것은 그들 자신이었습니다.

그동안 삼킬 수 없었던 당신의 감정은 무엇이었을까요?

 가족과 경계

가족은 사랑이라는 이름으로 서로를 묶고,

그 사랑의 무게로 서로를 상처 입힌다.

가족이라는 이유로 모든 것을 견뎌야 하는 건 아니다.

사랑에도 경계가 필요하다.

Pema Chödrön

내면의 서사

프란츠 카프카는 아버지 헤르만 카프카와의 관계로 평생 고통받았어요. 아버지는 강압적이고 권위적이었죠. 1919년, 36세의 카프카는 아버지에게 45페이지짜리 편지를 썼어요. '아버지에 게 드리는 편지(Brief an den Vater)'. 한 번도 전달하지 못한 편지였어요. 그 편지에서 그는 모든 걸 털어놨어요. "아버지는 나를 사랑했지만, 그 사랑의 방식이 나를 짓눌렀습니다." 가족을 사랑하는 것과 가족으로부터 자유로워지는 것은 모순이 아니에요.

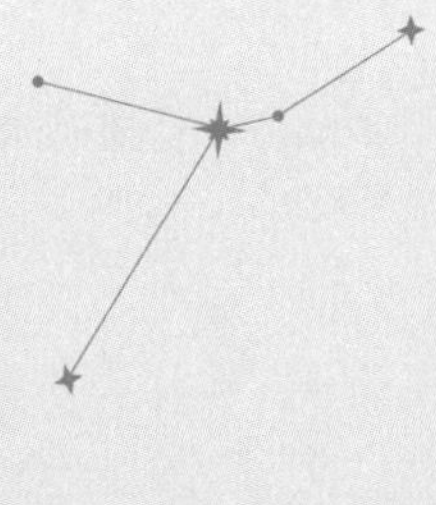

질문

가족 중 만나기 가장 힘든 사람은 누구인가요? 왜 힘든가요?

그 사람의 사랑 방식과 당신이 원하는 사랑 방식은 어떻게 다른가요?

거리를 두는 것도 사랑의 한 형태일 수 있을까요?

연상

가족과의 관계에서 당신이 지키고 싶은 경계선을 하나만 떠올려보세요.

그 경계를 지키지 못했을 때, 어떤 감정이 드나요?

용서는 상대방을 위한 것이 아니라

나 자신을 자유롭게 하기 위한 것이다.

용서는 잊는 것이 아니라,

기억하되 더 이상 그것에 붙잡히지 않는 것이다.

Desmond Tutu

내면의 서사

넬슨 만델라는 27년을 로벤 아일랜드 감옥에서 보냈어요. 석회암 채석장에서 강제 노역을 했죠. 1990년 2월 11일 석방된 후, 사람들은 물었어요. "복수하지 않습니까?" 그는 대답했어요. "감옥에서 나왔는데 왜 내 마음에 또 다른 감옥을 만들겠습니까? 미움은 나를 가두는 또 다른 감옥입니다." 그는 자신을 가둔 사람들과 악수했고, 1994년 대통령이 되어 화해를 이끌었어요.

질문

용서하지 못한 사람이 있다면, 그 미움을 계속 품는 것이 당신에게 어떤 영향을 주나요?

용서는 그 사람을 이해하는 것일까요, 아니면 그냥 놓아주는 것일까요?

만약 용서가 상대가 아니라 나를 위한 거라면, 지금 용서하고 싶은 사람이 있나요?

연상

"붙잡은 건 상처가 아니라, 상처에 매달린 나였습니다."

- 영화〈와일드 Wild〉에서, 나를 붙들고 있는 것은 무엇일까요?

 고독과 고요

고독은 영혼이 자기 자신과 나누는 밀회다.

혼자 있을 수 있는 능력은 사랑할 수 있는 능력의 척도이며,

고독을 견디지 못하는 사람은

결국 자기 자신도 견디지 못한다.

Paul Tillich

____

____

____

____

____

____

____

내면의 서사

배우 그레타 가르보는 1941년, 36세에 은퇴를 선언했어요. "I want to be alone(혼자 있고 싶어요)"이라는 말을 남기고요. 사람들은 이상하게 생각했죠. 전성기인데 왜? 근데 그녀는 그 후 49년을 조용히 살았어요. 인터뷰 요청도, 복귀 제안도 모두 거절했고요. 뉴욕의 작은 아파트에서 산책하고, 책 읽고, 그림 그리며 살았어요. 그녀에게 고독은 도망이 아니라 선택이었어요.

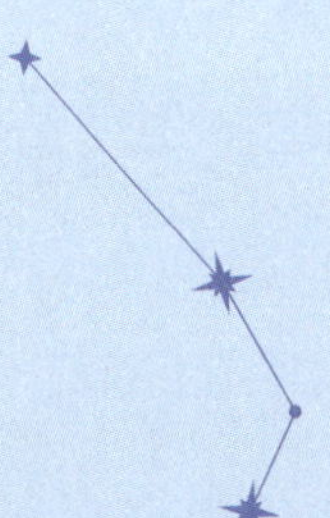

질문

혼자 있을 때 편한가요, 불편한가요?

고독과 외로움의 차이는 무엇일까요?

혼자 있을 때 가장 듣기 싫은 목소리는 어떤 목소리인가요?

연상

이번 주말에 혼자만의 시간을 3시간 내보세요. 아무도 만나지 않고요.

그 시간 동안 당신은 무엇을 하고 싶은지, 무엇이 불편한지 느껴보세요.

 # 자기 이미지

거울은 우리 자신을 보여주는 게 아니라,

우리가 우리 자신에 대해 믿는 것을 보여준다.

우리는 거울에서 자신을 보는 것이 아니라

자신에 관한 판단을 본다.

Anaïs Nin

내면의 서사

"거울 보는 게 너무 싫어요. 볼 때마다 뚱뚱해 보여요. 친구들은 '너 말랐어'라고 하는데, 거짓말인 것 같아요. 요즘은 집에 있는 거울을 다 치웠어요. 아침에 세수하고 바로 나와요. 안 보면 좀 나아요. 근데 길 가다 유리창에 비친 내 모습을 보면 또 우울해져요. 왜 저는 저를 못 봐주는 걸까요?" — 내담자 W

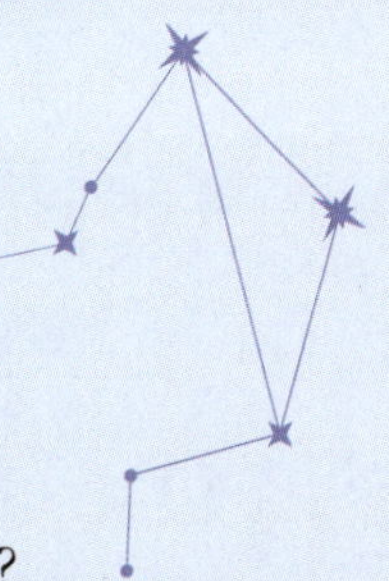

질문

거울을 볼 때 가장 먼저 보는 곳은 어디인가요?

거울 속 당신이 말을 건다면, 무엇을 말할까요?

만약 거울이 판단 없이 있는 그대로만 보여준다면, 무엇이 보일까요?

연상

거울을 볼 때 가장 먼저 보는 곳이 어디인가요?

그 부분을 처음 싫어하게 된 순간을 떠올려보세요. 누가 뭐라고 했나요?

 # 선택과 책임

우리는 우리가 한 선택의 총합이다.

모든 선택은 동시에 포기이며,

완벽한 선택은 없다.

있는 것은 책임질 수 있는 선택뿐이다.

Jean-Paul Sartre

내면의 서사

로버트 프로스트는 1915년, 시 『가지 않은 길(The Road Not Taken)』을 썼어요. "숲속에 두 갈래 길이 있었고, 나는 사람이 덜 간 길을 택했다. 그것이 모든 것을 바꾸었다." 사람들은 이 시를 "용기 있는 선택"에 관한 시로 읽었어요. 근데 프로스트는 나중에 말했어요. "두 길은 사실 거의 똑같았다. 중요한 건 어느 길을 택하느냐가 아니라, 택한 길에 의미를 부여하는 것이다."

"사랑과 권력은 공존이 어려워요. 둘은 그림자 관계니까요."

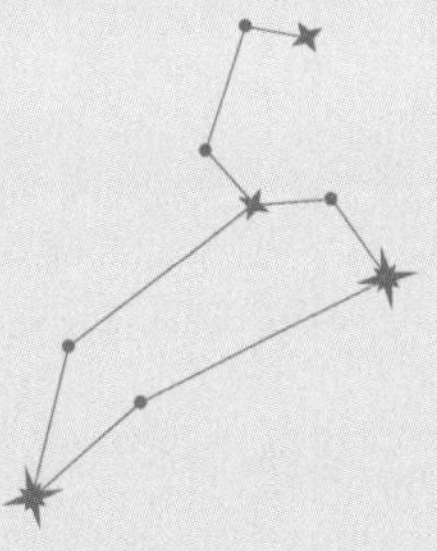

질문

지금 가장 어려운 선택이 있다면, 무엇이 당신을 망설이게 하나요?

두 선택지를 놓고 고민한다면, 각각 무엇을 얻고 무엇을 잃나요?

5년 후의 당신이라면, 지금 어떤 선택을 하라고 조언할까요?

연상

종이를 반으로 접으세요.

왼쪽에는 선택 A, 오른쪽에는 선택 B. 각각의 장단점을 써보세요.

그리고 물어보세요. "어느 쪽이 더 나답나?"

열여섯째 날 실패와 다시 시작

우리의 가장 큰 영광은 한 번도 넘어지지 않는 데 있는 것이 아니라,

넘어질 때마다 일어서는 데 있다.

실패는 넘어진 것이 아니라,

넘어진 채로 있는 것이다.

Confucius

내면의 서사

J.K. 롤링은 1990년대 초반, 가장 어두운 시기를 겪었어요. 이혼하고, 일자리를 잃고, 혼자 아이를 키우며 생활보장 대상자가 됐죠. 우울증으로 자살까지 생각했어요. 『해리 포터』를 쓰기 시작했지만 12개 출판사에서 거절당했어요. 그녀는 2008년 하버드 졸업식 연설에서 말했어요.

"바닥을 쳤을 때, 나는 가장 단단한 기반 위에 서게 됐습니다. 실패는 불필요한 것을 모두 걷어냈습니다. 나는 바닥에서 나 자신을 발견했습니다."

질문

최근에 실패했다고 느낀 일이 있나요?

그 실패가 당신에게서 무엇을 앗아갔고, 동시에 무엇을 남겼나요?

만약 실패가 끝이 아니라 과정의 한 지점이라면, 지금 당신은 어디쯤 서 있나요?

실패 이후 일어선 자신과 넘어지기 전의 자신, 둘 중 누가 더 당신다운가요?

연상

실패했다고 느낀 경험을 떠올려보세요.

그때 잃은 것 3가지, 그 과정에서 배운 것 3가지를 적어보세요.

놀랍게도, 배운 것들이 더 오래 남아있을 겁니다.

 성공과 공허

성공의 사다리를 올라갔는데,

그 사다리가 잘못된 벽에 기대어 있다면?

성공은 세상의 언어이고, 성장은 영혼의 언어다.

진짜 성공은 자기답게 사는 것이다.

Joseph Campbell

내면의 서사

레프 톨스토이는 50세가 되었을 때 명성과 부를 모두 가졌어요. 귀족이었고, 『전쟁과 평화』와 『안나 카레니나』로 세계적 작가가 됐죠. 근데 심각한 우울증을 겪었어요. "나는 왜 사는가?"라는 질문에 답할 수 없었어요. 그는 『참회록(A Confession)』에 썼어요. "나는 성공의 절정에서 삶의 의미를 잃었다. 세상이 말하는 성공은 내 영혼의 언어가 아니었다." 그 후 그는 모든 것을 바꿨어요. 재산을 포기하고, 농민들과 함께 살려 했죠.

"습관은 선택이 굳어진 것입니다."

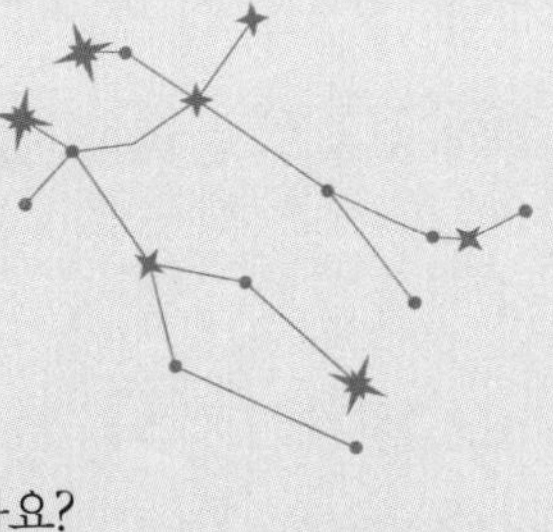

질문

당신이 추구하는 성공은 정말 당신의 것인가요?

성공했는데 공허하다면, 그 공허함은 어디서 오는 걸까요?

만약 타인의 시선을 지운다면, 당신에게 성공은 어떤 모습일까요?

연상

5년 후 당신이 원하는 삶의 모습을 상상해보세요.

그 상상 속에서 타인의 기대를 하나씩 지워보세요.

마지막까지 남는 것이 진짜 당신의 성공이에요.

 변화와 두려움

변화하지 않으면 성장할 수 없고,

성장하지 않으면 진정으로 살아있는 것이 아니다.

변화를 두려워하는 사람은 결국 자신을 두려워한다.

우리는 평생 새로워질 수 있다.

Gail Sheehy

내면의 서사

"20년 같은 직장을 다녔어요. 인제 그만두고 싶어요. 근데 무서워요. 나이도 많고, 딱히 하고 싶은 것도 없고…. 그냥 지금이 싫은 거예요. 아침마다 출근할 때 숨이 막혀요. 이대로 10년 더 다니다가 정년퇴직하면, 난 뭐가 남을까? 그 생각하면 답답한데, 막상 그만두려니 더 무서워요." — 내담자 F

질문

지금 바꾸고 싶은 것이 있다면, 무엇이 당신을 멈추게 하나요?

변화를 두려워하는 것은 미래의 불확실성 때문일까요,

아니면 익숙한 고통을 놓는 것이 더 무섭기 때문일까요?

변하지 않는 것 역시 하나의 선택입니다. 그 선택의 대가는 무엇인가요?

만약 1년 후로 시간여행을 한다면, 그때의 당신은 지금의 당신에게

무엇을 하라고 말할까요?

연상

지금 바꾸고 싶지만 망설이는 것을 떠올려보세요. 종이를 반으로 접으세요.

왼쪽에는 "1년 후 - 변화하지 않았을 때"를 쓰고, 아침에 눈 떴을 때의 감정, 주말의 모습,

만나는 사람들을 구체적으로 적어보세요.

오른쪽에는 "1년 후 - 변화했을 때"를 쓰고, 같은 방식으로 적어보세요.

두 개의 미래 중 어느 쪽이 더 견딜 만한가요? 어느 쪽에서 더 숨을 쉴 수 있나요?

 # 나이 듦과 받아들임

나이 드는 것의 특권은 자기 자신이 되는 것이다.

나이는 시간의 무게가 아니라 영혼의 깊이다.

우리는 나이 들면서 잃는 게 아니라 쌓는다.

진정한 나이 듦은 완전함으로 익어가는 것이다.

May Sarton

내면의 서사

"50이 되니까 보여요. 이제 뭘 해도 '젊은 사람들'만큼 안 되는 게요. 몸도 아프고, 기억력도 떨어지고….
근데 이상한 게, 젊을 때보다 지금이 편해요. 눈치 안 보게 되고, 하고 싶은 말하게 되고…. 늙는 게 나쁘
지만은 않네요. 잃는 것도 있지만, 얻는 것도 있어요." — 내담자 G

"완벽한 선택은 없습니다. 있는 것은 책임질 수 있는 선택뿐입니다."

질문

나이 들면서 잃은 것과 얻은 것을 각각 써보세요.

10년 전의 나와 지금의 나, 누가 더 나다운가요?

10년 후의 나는 지금의 나에게 무엇을 고마워할까요?

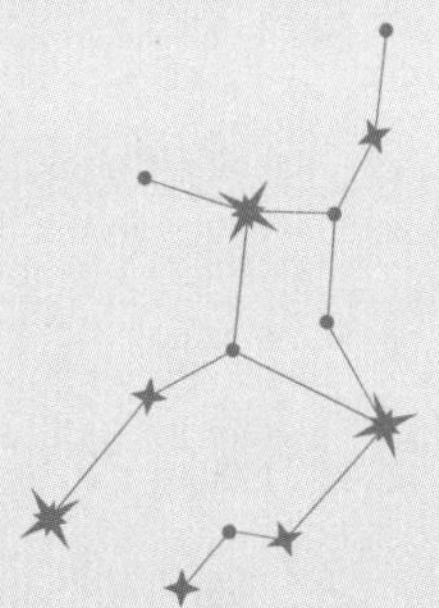

연상

10년 전 사진을 찾아보세요.

그 사진 속 당신에게 지금의 당신이 한마디 한다면, 무엇을 말해주고 싶나요?

 # 죽음과 삶의 의미

죽음은 삶의 반대가 아니라 삶의 일부다.

죽음을 생각하는 것은 삶을 생각하는 것이며,

죽음을 받아들일 때 비로소 삶은 온전해진다.

우리는 죽음 앞에서 비로소 진정으로 산다.

Michel de Montaigne

내면의 서사

스티브 잡스는 17세 때 이런 글을 읽었대요. "매일 인생의 마지막 날처럼 산다면, 언젠가 당신은 옳은 사람이 될 것이다." 그 후 33년 동안, 그는 매일 아침 거울을 보며 자신에게 물었어요. "만약 오늘이 내 인생의 마지막 날이라면, 오늘 할 일을 하고 싶은가?" 너무 많은 날 "아니오"라고 대답하면, 뭔가 바꿔야 한다는 신호였대요. 2005년 스탠퍼드 졸업식 연설에서 그는 말했어요. "죽음은 삶이 만든 최고의 발명품이다."

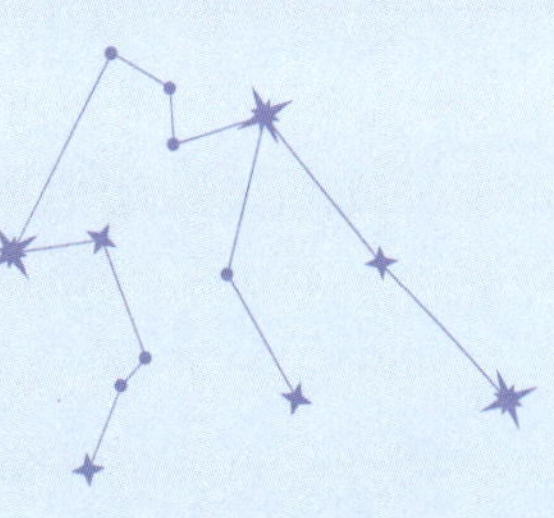

질문

만약 오늘이 마지막 날이라면, 가장 하고 싶은 일은 무엇인가요?

죽음을 생각하면, 지금 사는 방식이 어떻게 보이나요?

당신은 무엇으로 기억되고 싶나요?

연상

내일 아침 거울을 보면서 스스로 물어보세요.

"만약 오늘이 마지막 날이라면, 오늘 할 일을 하고 싶은가?"

일주일 동안 매일 물어보세요.

 의미 찾기

삶의 의미는 발견되는 것이 아니라 창조되는 것이다.

삶은 답을 찾는 게 아니라 질문을 잃지 않는 일이다.

가끔은 모른다는 게 위로가 되고,

의미는 찾는 순간이 아니라 만드는 과정에 있다.

Viktor Frankl

____

____

____

____

____

____

내면의 서사

빅터 프랭클은 1942년부터 1945년까지 아우슈비츠를 포함한 나치 수용소에 갇혀 있었어요. 아내와 부모, 형제를 모두 잃었죠. 그곳에서 그는 발견했어요. 같은 극한 상황에서도 어떤 사람은 살아남고 어떤 사람은 포기한다는 것을요. 차이는 무엇이었을까요? 삶의 의미를 찾은 사람만이 견뎠어요. 어떤 사람은 가족을 위해, 어떤 사람은 미완성 작품을 위해, 어떤 사람은 신을 위해…. 그는 해방 후 『Man's Search for Meaning』을 썼어요. "의미를 가진 고통은 견딜 수 있다."

질문

당신에게 의미 있는 순간은 언제였나요?

의미는 찾는 것일까요, 만드는 것일까요?

만약 의미를 몰라도 괜찮다면, 지금 당신은 무엇을 하고 싶나요?

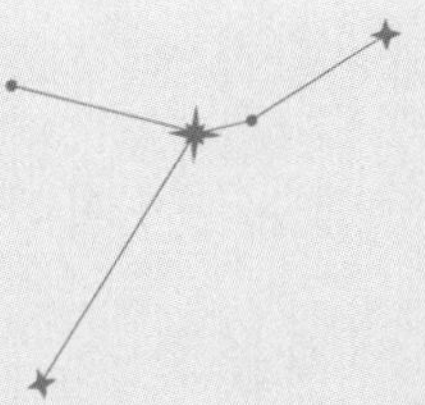

연상

이번 주 동안 당신이 자발적으로 시간을 쓴 일들을 기록해보세요.

누가 시키지도 않았는데, 돈도 안 되는데 한 일들이요.

그 속에 당신의 의미가 숨어 있어요.

 # 창조와 완벽주의

완벽함은 행동의 적이다.

창조는 완벽함이 아니라 용기이며,

첫 줄을 긋는 순간, 당신은 이미 창조자다.

우리는 만들면서 배우고, 틀리면서 자란다.

Voltaire

내면의 서사

어니스트 헤밍웨이는 매일 아침 6시에 일어나 글을 썼어요. 목표는 500단어였죠. 더 쓸 수 있어도 멈췄어요. 내일을 위해서요. 그는 인터뷰에서 말했어요. "첫 초고는 언제나 쓰레기다. 글쓰기는 다시 쓰기다" 『노인과 바다』의 마지막 페이지를 47번 고쳤대요. 중요한 건 완벽하게 쓰는 게 아니라 계속 쓰는 거였어요. 완벽이 아니라 지속이 그를 위대하게 만들었어요.

질문

만들고 싶은 것이 있나요? 무엇이 당신의 손을 멈추게 하나요?

"완벽하지 않으면 시작할 수 없다"—이 믿음은 언제부터 당신 안에 자리 잡았나요?

완벽하지 않은 것을 세상에 내놓는다면, 정말로 어떤 일이 일어날까요?

일곱 살 때 당신은 무엇을 만들기 좋아했나요? 그때 당신은 완벽을 걱정했나요?

연상

만들고 싶었던 것을 떠올려보세요. 종이에 이렇게 써보세요:

"이것이 완벽하지 않으면 ___이/가 일어날 것이다."

그 빈칸을 채워보세요. 그리고 다시 물어보세요.

"그게 정말 일어날까? 일어난다 해도, 내가 견딜 수 없을 만큼 끔찍한가?"

 일과 정체성

당신의 직업은 당신이 아니다.

일은 내가 하는 것이지 내가 아니며,

명함을 벗어던질 때 비로소 자신을 만난다.

우리는 일을 통해 증명되지 않고, 존재로 증명된다.

Chuck Palahniuk

내면의 서사

"명함 없으면 나는 누구예요? 회사 이름 빼면 뭐가 남아요? 사람 만나면 제일 먼저 물어보잖아요. '무슨 일 하세요?' 근데 저는 뭐라고 대답해야 할까요? 회사 그만두고 나니까 아무것도 아닌 것 같아요. 일이 없으면 나도 없는 것 같아요." — 내담자 O

"상처는 약점이 아니라 깊이의 증거입니다."

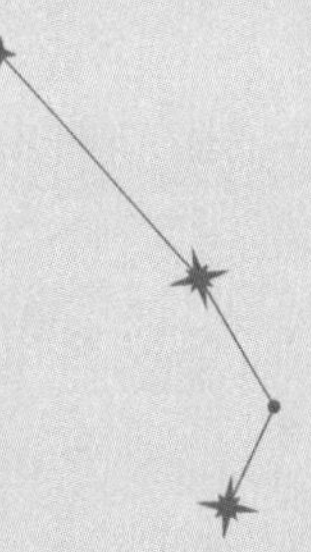

질문

당신의 일은 당신 자신인가요, 아니면 당신이 하는 것인가요?

명함을 빼면, 당신은 어떤 사람으로 남나요?

일 말고, 당신을 설명하는 다른 단어가 있나요?

연상

자기소개 해보세요.

단, 직업 얘기는 빼고요. "저는 ___를 좋아하는 사람입니다",

"저는 ___를 하면 행복한 사람입니다." 3개만 써보세요.

 자연과 회복

자연으로 들어가면, 당신 자신으로 돌아온다.

자연은 아무 말도 하지 않지만 모든 것을 이루고,

그 고요 속에서 우리는 비로소 숨을 쉰다.

나무가 자라는 소리는 들리지 않지만, 자란다.

John Muir

내면의 서사

존 뮤어는 1868년, 30세에 캘리포니아 요세미티 계곡에 도착했어요. 그는 그곳에서 6년을 살았어요. 숲을 걷고, 나무를 관찰하고, 빙하를 연구했죠. 그는 편지에 썼어요. "나는 숲에 들어갈 때마다 내가 집에 온다는 걸 느낀다. 도시에서는 손님이지만, 숲에서는 내가 된다." 그의 글과 활동 덕분에 요세미티는 1890년 국립공원이 됐어요. 자연이 그를 살렸고, 그는 자연을 지켰어요.

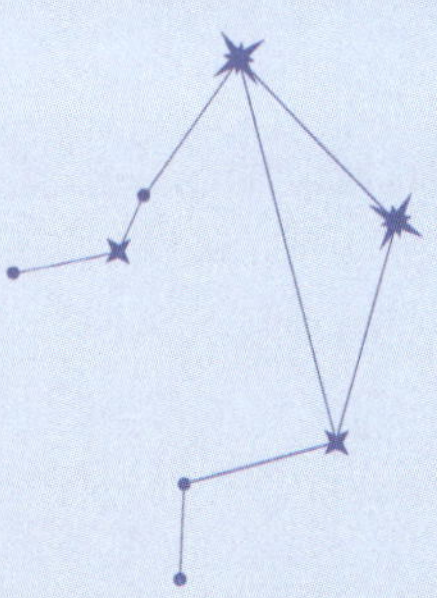

질문

마지막으로 자연 속에 있었던 게 언제인가요?

자연 속에서 당신은 무엇을 느끼나요?

도시에서도 자연을 느끼는 방법이 있을까요?

연상

이번 주말에 자연 속으로 나가보세요.

산이든, 공원이든, 강이든요. 한 시간만이라도요.

그리고 그곳에서 가장 마음에 드는 것 하나를 사진 찍거나 그려보세요.

 상처와 취약성

취약함은 약함이 아니라, 용기의 가장 정확한 척도이다.

깨진 곳에서만 빛이 들어오고,

상처는 치유되어야 할 것이 아니라 이해되어야 할 것이다.

우리는 상처를 통해 인간이 된다.

Brené Brown

____

____

____

____

____

____

내면의 서사

레너드 코헨은 평생 우울증과 싸웠어요. 두 번의 긴 관계가 끝났고, 50대에는 재정적 파탄을 겪었죠. 70대에 다시 투어를 해야 했어요. 그런데 그는 자신의 상처를 숨기지 않았어요. 노래로 만들었어요. 1992년 앨범 『The Future』에 수록된 『Anthem』에서 그는 불렀죠. "Ring the bells that still can ring / Forget your perfect offering / There is a crack, a crack in everything / That's how the light gets in." 아직 울릴 수 있는 종을 울려라. 완벽한 제물을 잊어라. 모든 것에는 금이 가 있다. 그래서 빛이 들어온다. 그의 금 간 목소리가 수백만 명을 위로했어요.

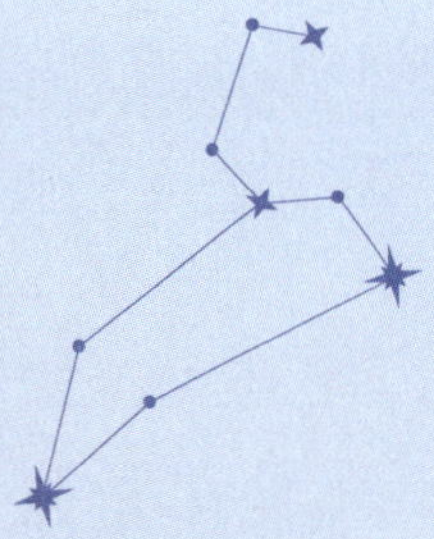

질문

당신의 상처를 누군가에게 보여준 적이 있나요?

상처를 숨기는 것이 당신을 보호하나요, 아니면 더 외롭게 만드나요?

만약 상처가 약함이 아니라 인간다움이라면, 보여줄 수 있을까요?

연상

당신의 상처를 떠올려보세요. 그 상처를 통해 들어온 빛이 있나요?

그 상처가 당신을 어떻게 바꾸었나요?

 # 기쁨과 알아차림

기쁨은 찾는 것이 아니라 알아차리는 것이다.

기쁨은 목적지가 아니라 과정에 숨어 있고,

끝에서 오는 게 아니라 지금 여기 있다.

우리는 기다리다 놓친다.

Thich Nhat Hanh

내면의 서사

"언제 행복했는지 기억이 안 나요. 매일 비슷하게 살고, 비슷하게 지치고…. 친구들 SNS 보면 다들 행복해 보이는데, 나만 이런 건가? 싶어요. 행복해지려면 뭘 해야 하는 건가요? 돈을 더 벌어야 하나? 연애해야 하나? 근데 그것도 귀찮고…." — 내담자 L

"질투는 타인의 빛이 아니라 자신의 어둠을 보는 것입니다."

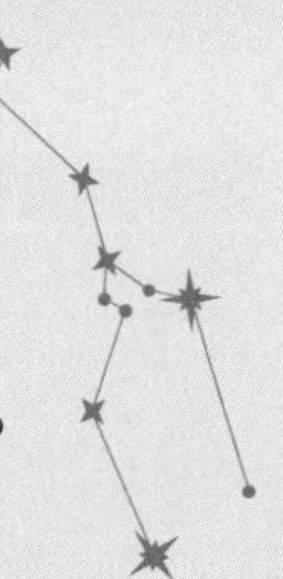

질문

오늘 하루 중 기쁜 순간이 있었나요? 아주 작은 것이라도요.

기쁨을 못 느끼는 이유는, 기쁨이 없어서일까요? 알아차리지 못해서일까요?

지금, 이 순간, 감사한 것이 하나라도 있나요?

연상

오늘 하루 중 시간 가는 줄 몰랐던 순간이 있었나요? 그 순간을 떠올려보세요.

그때 무엇을 하고 있었나요? 그리고 지금, 이 순간, 당신 주변에서 감사할 수 있는

아주 작은 것 세 가지를 찾아보세요. 눈에 보이는 것, 몸으로 느껴지는 것,

귀에 들리는 것 각각 하나씩요.

스물일곱째 날 자유와 책임

자유란 책임을 의미한다. 그래서 대부분 사람이 자유를 두려워한다.

자유는 선택의 문제가 아니라 선택의 결과를 책임지는 문제이며,

진정한 자유는 선택할 수 있는 것이 아니라

자신으로 존재할 수 있는 것이다.

George Bernard Shaw

내면의 서사

"회사 그만두고 자유로워질 줄 알았어요. 근데 더 불안해요. 월급 없으니까 돈 걱정되고, 할 일 없으니까 시간이 안 가고…. 자유가 이렇게 무거운 거였나요? 누가 시키는 대로 사는 게 오히려 편했어요. 다시 회사 다니고 싶어요."— 내담자 U

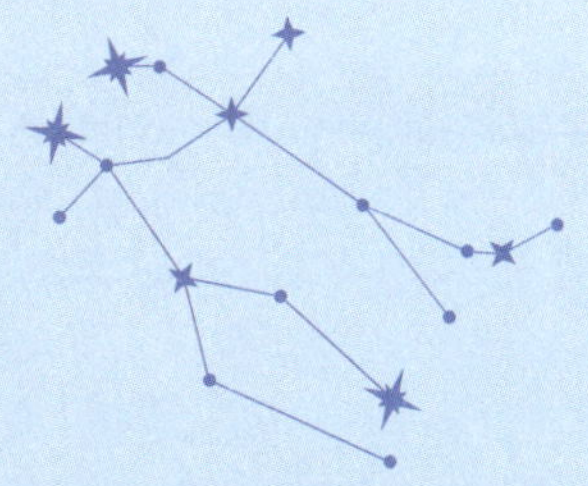

질문

자유는 당신에게 무엇인가요?

무엇으로부터 자유로워지고 싶나요?

자유에 따르는 책임을 견딜 수 있나요?

연상

오늘 하루 동안 당신이 한 선택을 떠올려보세요.

그 선택들이 당신의 자유인가요, 아니면 습관인가요?

용기는 두려움이 없는 것이 아니라

두려움에도 불구하고 행동하는 것이다.

용기는 떨리는 손으로 첫걸음을 내딛는 것이며,

그 떨림을 부끄러워하지 않는 것이다.

Nelson Mandela

내면의 서사

버지니아 울프는 평생 정신질환으로 고통받았어요. 글을 쓸 때마다 "이건 쓰레기야"라는 목소리가 들렸대요. 출판할 때마다 두려웠어요. "사람들이 비웃으면 어떡하지?" 근데 썼어요. 떨리는 손으로요. 1941년, 59세에 그녀는 강물에 몸을 던졌어요. 근데 그전까지 25권의 책을 썼어요. 그녀의 일기에는 이렇게 적혀 있어요. "두렵지만 쓴다. 쓰지 않으면 미쳐버릴 것 같아서."

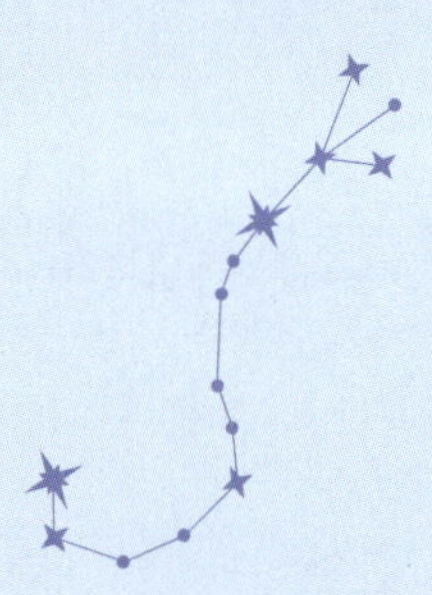

질문

최근에 용기 낸 일이 있나요? 아주 작은 것이라도요.

가장 무서운 게 뭔가요? 그걸 왜 두려워하나요?

만약 실패해도 괜찮다면, 무엇을 해보고 싶나요?

연상

당신이 두려워하는 일 하나를 떠올려보세요.

그 일을 10단계로 쪼개보세요. 아주 작게요.

그 중 첫 번째 단계는 지금 할 수 있나요?

 진실과 거짓

진실은 자유롭게 하지만, 그 전에 먼저 분노하게 만든다.

우리는 거짓 속에서 편안하고, 진실 속에서 불편하다.

그러나 진실만이 우리를 온전하게 만들고,

거짓은 우리를 조각낸다.

Gloria Steinem

____

____

____

____

____

____

____

내면의 서사

"나는 늘 웃어야 했고, 괜찮은 척해야 했습니다.
내 안에서 무슨 일이 일어나고 있는지는 누구도 알지 못했습니다."
— 영화 〈The Hours〉, 버지니아 울프

질문

숨기고 있는 진실이 있나요?

그 진실을 말하면 무슨 일이 일어날까요?

거짓말은 무엇을 보호하고 있나요?

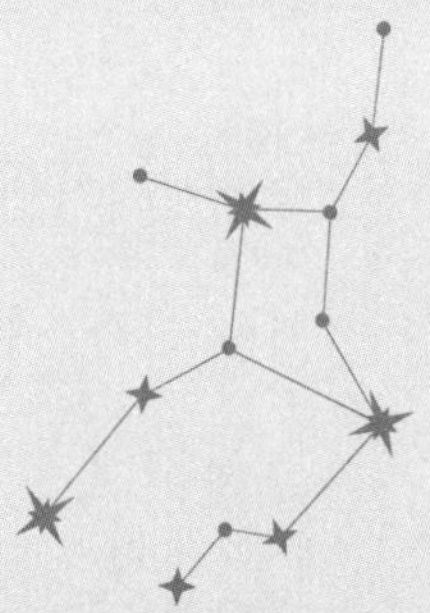

연상

진실은 언제나 얼굴에서 먼저 떨어집니다.

가면이 금 가는 그 순간, 비로소 나의 목소리가 깨어납니다.

서른째 날   계속되는 여정

끝이 아니다. 시작도 아니다.

끝없이 이어지는 시간의 한 조각일 뿐이다.

삶은 여전히 미완이고, 이 미완이 좋다.

아직도 계속되고 있다는 뜻이니까.

Robert Jordan

내면의 서사

"30일 했어요. 달라진 게 있나요? 잘 모르겠어요. 극적으로 변한 건 없어요. 근데 조금은 달라진 것 같기도 해요. 뭐가 달라졌는지 설명은 못 하겠는데…. 그냥 조금요. 저는 여전히 헤매고, 여전히 불안하고, 여전히 답을 모르겠는데…. 괜찮은 건가요? 이렇게 느리게 가도 괜찮은 건가요?" — 작가 M

"여정의 끝에서 우리는 처음 자리로 돌아와 그곳을 처음 알게 됩니다."

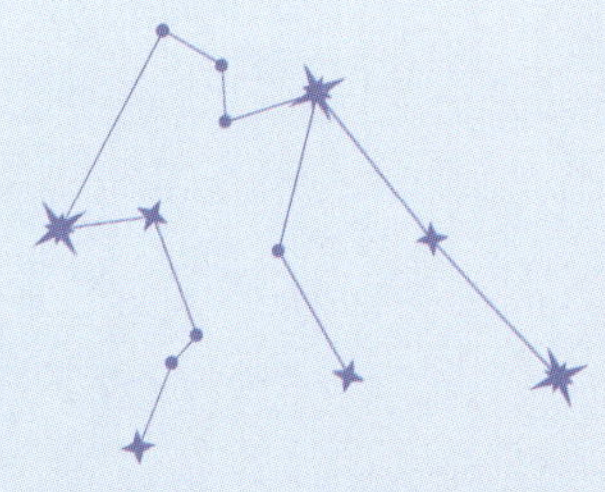

질문

30일 동안 무엇이 달라졌나요?

가장 기억에 남는 순간은 언제였나요?

내일부터, 당신은 무엇을 하고 싶나요?

연상

30일 동안 쓴 것들을 다시 읽어보세요.

처음의 당신과 지금의 당신, 무엇이 달라졌나요?

아주 작은 것이라도 좋아요.

끝났어요.

느끼거나 변한 것이 있나요?

설마 책 한 권으로요?

그럼 제가 20년 동안 뭐 한 건지….

하지만 정말 뭔가 있다면,

아주 작은 것이라도,

당신은 이 실험이 성공했다는 증거입니다.

30일의 여정을 마치며

당신은 지금 어디에 서 있나요?

30일 전, 당신이 이 책의 첫 페이지를 펼쳤을 때와 지금은 무엇이 달라졌나요? 어쩌면 아무것도 달라지지 않은 것처럼 느껴질 수도 있습니다. 여전히 같은 일상, 같은 고민, 같은 삶 속에 있을 테니까요.

하지만 당신은 알고 있을 것입니다.

무언가가 조용히 달라졌다는 것을.
이전에는 지나쳤던 감정의 작은 떨림을 알아차리게 되었다는 것을.
꿈이 더 이상 아침의 잔상이 아니라, 당신에게 말을 거는 목소리가 되었다는 것을.

어떤 날은 꿈을 기록했고, 어떤 날은 기록하지 못했을 것입니다. 어떤 날은 색을 칠했고, 어떤 날은 빈 페이지를 그대로 두었을 것입니다.

그것으로 충분합니다.

완벽하게 30일을 채운 사람도, 중간에 멈췄다가 다시 시작한 사람도, 단 며칠만 기록한 사람도 모두 자신만의 방식으로 이 여정을 걸었습니다.

중요한 것은 얼마나 많이 기록했는가가 아니라, 당신이 자신 내면에 귀 기울이기 시작했다는 것입니다.

꿈을 기록하는 일은 무의식과의 대화를 시작하는 일이었습니다.

처음에는 낯설었던 그 언어가, 이제는 조금씩 익숙해졌을 것입니다. 당신은 이제 꿈이 단순한 환상이 아니라, 당신 안에서 일어나고 있는 진실한 움직임이라는 것을 압니다.

필사하며 당신은 타인의 언어를 빌려 자신의 마음을 들여다보았습니다. 한 글자 한 글자 손으로 옮기며, 문장이 당신 안에서 어떻게 울리는지를 느꼈습니다. 그 과정에서 당신은 언어가 단지 의미의 전달이 아니라, 치유의 도구가 될 수 있다는 것을 경험했습니다.

그림을 그리고 색을 칠하며, 당신은 말로 표현할 수 없는 것들을 형태로 풀어냈습니다. 그것이 서툴러도, 완성되지 않아도 괜찮았습니다.
중요한 것은 표현 그 자체였으니까요.

당신은 이제 압니다.
치유가 극적인 순간이 아니라, 이렇게 조용히 자신과 연결되는 시간의 축적이라는 것을.

이 여정은 끝이 아닙니다.

30일은 하나의 마침표가 아니라 쉼표입니다. 당신은 이 책을 덮은 후에도 꿈을 기록할 수 있고, 필사를 계속할 수 있으며, 자신 내면과 대화를 이어갈 수 있습니다.

어떤 사람은 이 30일로 충분할 것이고, 어떤 사람은 다시 처음부터 시작할 것이며, 어떤 사람은 자신만의 방식으로 이 길을 이어갈 것입니다.

모두 옳은 길입니다.

중요한 것은 당신이 이제 자신 내면으로 가는 길을 알고 있다는 것입니다. 외부의 소음이 다시 크게 들려올 때, 삶이 다시 당신을 밖으로 끌어낼 때, 당신은 이 책을 다시 펼칠 수 있습니다.

그리고 다시 안으로 돌아올 수 있습니다.

융은 말했습니다.

"당신의 비전은 당신이 당신의 마음을 들여다볼 때만 명확해진다.
밖을 보는 사람은 꿈꾸고, 안을 보는 사람은 깨어난다."

당신은 이제 안을 보는 법을 배웠습니다.

이 여정 동안, 당신은 혼자가 아니었어요.

당신의 무의식이 함께 있었고, 당신의 꿈이 함께 있었으며, 보이지 않는 곳에서 당신을 지켜보는 내면의 자기(Self)가 함께 있었습니다.

그리고 이 책을 쓴 저 또한, 한 사람의 동행자로서 당신과 함께 걸었습니다.

당신이 앞으로 어떤 길을 가든,
당신의 꿈은 당신을 기다릴 것입니다.
당신이 귀 기울일 때,
꿈은 언제나 다시 당신에게 말을 걸 것입니다.

더 깊이 알고 싶다면

이 책을 마친 당신이 융 심리학에 대해, 에로스와 로고스에 대해, 그리고 꿈의 세계에 대해 더 깊이 알고 싶다면, 이 섹션이 당신을 위한 지도가 될 것입니다.

융 심리학의 핵심 개념

무의식(Unconscious)

융은 무의식을 개인적 무의식과 집단무의식으로 구분했습니다.

개인적 무의식은 우리가 잊어버렸거나 억압한 개인의 경험들이 저장된 곳입니다. 집단무의식은 인류가 공유하는 보편적 이미지와 상징들이 담긴 곳입니다.

원형(Archetype)

집단무의식 안에 존재하는 보편적 이미지와 패턴을 원형이라고 합니다.

어머니 원형, 아버지 원형, 영웅 원형, 그림자 원형 등이 있으며, 이것들은 신화, 동화, 꿈에서 반복적으로 나타납니다.

그림자(Shadow)

우리가 인정하고 싶지 않은 자신의 어두운 면, 억압된 욕구, 부정적이라고 여겨지는 특성들이 그림자를 이룹니다. 융은 그림자를 통합하는 것이 개성화의 중요한 과정이라고 보았습니다.

아니마와 아니무스(Anima & Animus)

남성 안의 여성적 측면을 아니마, 여성 안의 남성적 측면을 아니무스라고 합니다.
이 두 원형은 우리가 이성과 맺는 관계, 그리고 우리 안의 반대 성향을 통합하는 과정에서 중요한 역할을 합니다.

자기(Self)

자기는 의식과 무의식을 포괄하는 전체 정신의 중심입니다.
융은 자기를 만다라, 원, 사각형 등의 상징으로 표현했으며, 개성화의 궁극적 목표는 자기를 실현하는 것이라고 보았습니다.

개성화(Individuation)

개성화는 자신의 전체성을 향해 나아가는 과정입니다.
그림자를 통합하고, 아니마/아니무스를 인식하며, 무의식의 내용을 의식화하는 평생의 여정입니다.

융의 네 가지 심리 기능

융은 인간의 마음이 네 가지 기능을 통해 세계를 인식하고 판단한다고 보았습니다.

감각(Sensation)

감각은 오감을 통해 세계를 직접 경험하는 기능입니다. 색, 소리, 냄새, 질감, 온도 등 구체적이고 실재하는 것을 인식합니다.

감정(Feeling)

감정은 가치를 판단하는 기능입니다. 좋고 나쁨, 아름답고 추함을 느끼며, 관계와 의미를 평가합니다.

사고(Thinking)

사고는 논리와 분석을 통해 세계를 이해하는 기능입니다. 인과관계를 파악하고, 개념을 정리하며, 체계를 만듭니다.

직관(Intuition)

직관은 보이지 않는 가능성과 의미를 포착하는 기능입니다. 논리를 넘어선 통찰, 예감, 상징적 이해를 가능하게 합니다.

이 네 가지 기능은 의식과 무의식이 소통하는 주요한 통로입니다. 우리가 무의식의 메시지를 이해하기 위해서는 이 네 가지 방향으로 꿈을 탐색해야 합니다. 이 책의 Part 1에서 사용한 연상 질문들이 바로 이 네 가지 기능을 따라 구성된 것입니다.

에로스와 로고스의 철학적 배경

에로스와 로고스는 고대 그리스 철학에서 유래한 개념입니다.

에로스는 플라톤의 『향연』에서 사랑과 욕망, 연결의 힘으로 등장합니다. 그것은 분리된 것들을 하나로 묶고, 관계를 맺으며, 생명을 창조하는 원리입니다. 융 심리학에서 에로스는 감정, 관계, 이미지, 직관의 기능과 연결됩니다. 에로스는 분석하지 않고 느끼며, 논리를 넘어 직관적으로 이해합니다.

로고스는 헤라클레이토스에서 시작된 개념으로, 우주를 지배하는 이성과 질서의 원리를 뜻합니다. 그것은 언어를 통해 세계를 이해하고, 구조를 만들며, 의미를 부여합니다. 융 심리학에서 로고스는 사고, 논리, 언어, 분석의 기능과 연결됩니다. 로고스는 무정형의 경험을 언어로 형태화하고, 의식적으로 이해할 수 있게 만듭니다.

융은 이 두 원리가 모두 필요하다고 보았습니다. 에로스만으로는 감정에 휩쓸려 방향을 잃기 쉽고, 로고스만으로는 차갑고 메마른 지적 이해에 그칠 수 있습니다.

진정한 성숙은 이 두 기능의 조화에서 옵니다.
이 책이 꿈 기록(에로스)과 필사(로고스)를 함께 실천하도록 설계된 이유가 바로 여기에 있습니다.

만다라의 의미

만다라(Mandala)는 산스크리트어로 '원', '중심'을 뜻합니다.
융은 만다라를 '자기(Self)'의 상징이라고 보았습니다.
원형, 사각형, 나선형 등의 기하학적 패턴으로 이루어진 만다라는 의식과 무의식을 포괄하는 전체 정신의 중심을 나타냅니다.
융 자신도 힘든 시기마다 만다라를 그렸습니다. 그는 만다라를 그리는 것이 내면의 혼란을 정리하고, 중심을 되찾는 데 도움이 된다는 것을 경험했습니다.

만다라는 티베트 불교, 힌두교, 기독교(장미창), 이슬람(기하학 문양), 그리고 한국의 전통 문양에서도 발견됩니다. 이는 인류가 보편적으로 '중심'과 '전체성'을 상징하는 원형적 이미지를 공유하고 있다는 증거입니다.

당신이 이 책에서 만다라를 그리고 색칠한 것은 단순한 미술 활동이 아니라, 내면의 자기(Self)와 연결되는 상징적 작업이었습니다.

꿈 기록을 이어가는 법

30일이 가능했다면, 계속 꿈을 기록하세요.

이 책을 다시 처음부터 펼치거나, 빈 페이지가 있는 노트에 같은 방식으로 계속 적어가세요. 꿈을 적고, 네 가지 기능을 따라 질문하고, 연상하고, 그림을 그리는 그 과정을.

그 꿈들을 모으세요.

30일의 기록, 60일의 기록, 1년의 기록—그것들이 쌓이면 당신만의 꿈 역사가 됩니다. 그 역사 안에서 당신은 반복되는 상징을 발견할 것입니다. 패턴으로 보이는 것들을. 같은 장소, 같은 인물, 같은 감정, 같은 색. 무의식은 같은 메시지를 다른 방식으로 반복해서 전합니다. 그리고 그 패턴 안에서, 당신의 무의식이 어떤 길을 제시하고 있는지 보이기 시작할 것입니다.

질문과 연상들도 함께 보세요.

3개월 전 당신이 쓴 연상과 지금 당신이 쓴 연상을 비교해보세요. 같은 꿈 상징에 대해서도 다른 연상이 떠오를 것입니다. 같은 질문에도 다른 대답을 하고 있을 것입니다. 그 안에서 당신은 분명 달라지는 자기 모습을 볼 수 있을 것입니다. 그 역사는 누구의 것도 아닌, 오직 당신만의 신화가 될 것입니다.

꿈 역사는 단순히 과거의 기록이 아닙니다. 그것은 당신이 어디에서 와서 어디로 가고 있는지 를 보여주는 내면의 지도입니다.

혼자만의 의식 만들기

일주일에 한 번, 혹은 한 달에 한 번, 조용한 시간을 내어 그동안 기록한 꿈들을 다시 읽어보세요. 그때는 몰랐던 의미가 지금 보이기도 합니다. 시간이 지나야 이해되는 꿈들도 있습니다.

당신만의 여정을 계속하세요.

이 책은 하나의 문을 열었을 뿐입니다. 그 문 너머로 펼쳐진 길은 오직 당신만이 걸어갈 수 있습니다. 어떤 날은 꿈이 선명하게 기억나고, 어떤 날은 아무것도 떠오르지 않을 것입니다. 어떤 시기는 꿈 일기를 멈추고, 어떤 시기는 다시 시작할 것입니다.

그 모든 것이 당신의 여정입니다.
중요한 것은 당신이 이제 안으로 가는 길을 알고 있다는 것입니다. 그리고 필요할 때마다 그 길로 돌아올 수 있다는 것입니다.

가장 중요한 책은 당신 자신입니다.

당신의 꿈, 당신의 경험, 당신의 내면이야말로 가장 정직하고 가장 정확한 안내자입니다.
이론은 지도일 뿐, 길은 당신이 직접 걸어가는 것입니다.
그리고 그 길 위에서, 당신은 결코 혼자가 아닙니다.

참고문헌 및 출처

주요 이론적 배경

융 심리학 (Jungian Psychology)

- Jung, C. G. (1968). The Archetypes and the Collective Unconscious (2nd ed.).
  Princeton University Press.
- Jung, C. G. (1961). Memories, Dreams, Reflections. Vintage Books.
- Jung, C. G. (1964). Man and His Symbols. Dell Publishing.
- Von Franz, M.-L. (1998). C.G. Jung: His Myth in Our Time. Inner City Books.

꿈과 무의식

- Freud, S. (1900). The Interpretation of Dreams. Basic Books.
- Jung, C. G. (1974). Dreams. Princeton University Press.
- Johnson, R. A. (1986). Inner Work: Using Dreams and Active Imagination for Personal Growth.
  HarperOne.

심리치료와 치유

- van der Kolk, B. (2014). The Body Keeps the Score: Brain, Mind, and Body in the Healing of
  Trauma. Penguin Books.
- Brown, B. (2012). Daring Greatly: How the Courage to Be Vulnerable Transforms the Way We Live,
  Love, Parent, and Lead. Gotham Books.
- Maté, G. (2008). In the Realm of Hungry Ghosts: Close Encounters with Addiction. Knopf Canada.

Part 2 필사 문장 출처

첫째 날 - 꿈과 무의식

필사 문장: "밤은 마음의 바다를 열고…"

- Rilke, R. M. (1923). Duino Elegies. 시적 정신에서 영감을 받아 재구성

이야기: 잭슨 폴록과 융학파 분석

- Landau, E. G. (1989). Jackson Pollock. Harry N. Abrams.

- Naifeh, S., & Smith, G. W. (1989). Jackson Pollock: An American Saga. Clarkson Potter.

둘째 날 - 몸의 언어

필사 문장: "몸은 영혼이 기억하는 것을 결코 잊지 않는다"

- van der Kolk, B. (2014). The Body Keeps the Score의 핵심 개념을 시적으로 재구성

이야기: 글렌 굴드

- Bazzana, K. (2004). Wondrous Strange: The Life and Art of Glenn Gould. Oxford University Press.

- Ostwald, P. F. (1997). Glenn Gould: The Ecstasy and Tragedy of Genius. W.W. Norton.

셋째 날 - 감정의 날씨

필사 문장: "슬픔을 억누르면 기쁨도 함께 사라진다"

- Brown, B. (2010). "The Power of Vulnerability." TEDxHouston.

- Brown, B. (2012). Daring Greatly. Gotham Books.

넷째 날 - 그림자

필사 문장: "빛이 강할수록 그림자도 짙다"

- Jung, C. G. (1951). Aion: Researches into the Phenomenology of the Self.
  Princeton University Press.

- Jung, C. G. (1959). "The Shadow." In The Archetypes and the Collective Unconscious.

이야기: 톨스토이

- Tolstoy, L. (1882). A Confession.

- Wilson, A. N. (1988). Tolstoy. W.W. Norton.

다섯째 날 - 침묵

필사 문장: "침묵은 신의 언어이며…"

- Rumi, J. (13th century). The Essential Rumi, translated by Coleman Barks (1995). HarperOne.

이야기: 존 케이지

- Cage, J. (1961). Silence: Lectures and Writings. Wesleyan University Press.

- Revill, D. (1992). The Roaring Silence: John Cage, A Life. Arcade Publishing.

여섯째 날 - 시간과 반복

필사 문장: "시간은 직선이 아니라 나선이다"

- Jung, C. G. (1960). "The Stages of Life." In The Structure and Dynamics of the Psyche.

일곱째 날 - 기억

필사 문장: "기억은 과거를 저장하는 창고가 아니라…"

- Proust, M. (1913-1927). In Search of Lost Time (À la recherche du temps perdu).

이야기: 마르셀 프루스트

- Tadié, J.-Y. (2000). Marcel Proust: A Life. Viking.

- Carter, W. C. (2000). Marcel Proust: A Life. Yale University Press.

여덟째 날 - 사랑과 집착

필사 문장: "사랑은 소유가 아니라 인식이다"

- de Beauvoir, S. (1949). The Second Sex. Vintage Books.

아홉째 날 - 이별과 상실

필사 문장: "사랑했던 사람을 잃는 것은…"

- Didion, J. (2005). The Year of Magical Thinking. Knopf.

이야기: 조앤 디디온

- Didion, J. (2005). The Year of Magical Thinking. Knopf.

열째 날 - 중독

필사 문장: "중독은 어떤 대상을 향한 집착이 아니라…"

- Maté, G. (2008). In the Realm of Hungry Ghosts: Close Encounters with Addiction.

핵심 개념을 시적으로 재구성

이야기: 에이미 와인하우스

- Newkey-Burden, C. (2008). Amy Winehouse: The Biography. John Blake Publishing.

열한째 날 - 가족과 경계

필사 문장: "가족은 사랑이라는 이름으로 서로를 묶고…"

- Chödrön, P. (2000). When Things Fall Apart: Heart Advice for Difficult Times. Shambhala.

이야기: 프란츠 카프카

- Kafka, F. (1919). Letter to His Father (Brief an den Vater).

- Stach, R. (2005). Kafka: The Decisive Years. Harcourt.

열두째 날 - 용서와 놓아줌

필사 문장: "용서는 상대방을 위한 것이 아니라…"

- Tutu, D. (1999). No Future Without Forgiveness. Doubleday.

이야기: 넬슨 만델라

- Mandela, N. (1994). Long Walk to Freedom. Little, Brown and Company.

- Sampson, A. (1999). Mandela: The Authorized Biography. Knopf.

열세째 날 - 고독과 고요

필사 문장: "고독은 영혼이 자기 자신과 나누는 밀회다"

- Tillich, P. (1952). The Courage to Be. Yale University Press.

이야기: 그레타 가르보

- Paris, B. (1995). Garbo. Knopf.

열네째 날 - 자기 이미지

필사 문장: "거울은 우리 자신을 보여주는 게 아니라…"

- Nin, A. (1966). The Diary of Anaïs Nin, Vol. 2. Harcourt Brace.

열다섯째 날 - 선택과 책임

필사 문장: "우리는 우리가 한 선택의 총합이다"

- Sartre, J.-P. (1943). Being and Nothingness. Philosophical Library.

이야기: 로버트 프로스트

- Frost, R. (1916). "The Road Not Taken." Mountain Interval.

- Parini, J. (1999). Robert Frost: A Life. Henry Holt.

열여섯째 날 - 실패와 다시 시작

필사 문장: "우리의 가장 큰 영광은…"

- 공자(Confucius). Analects. 시적으로 재해석

이야기: J.K. 롤링

- Rowling, J.K. (2008). "The Fringe Benefits of Failure." Harvard Commencement Speech.

- Smith, S. (2001). J.K. Rowling: A Biography. Arrow Books.

열일곱째 날 - 성공과 공허

필사 문장: "성공의 사다리를 올라갔는데…"

- Campbell, J. (1988). The Power of Myth. Doubleday.

이야기: 레프 톨스토이

- Tolstoy, L. (1882). A Confession.

- Wilson, A. N. (1988). Tolstoy. W.W. Norton.

열여덟째 날 - 변화와 두려움

필사 문장: "변화하지 않으면 성장할 수 없고…"

- Sheehy, G. (1976). Passages: Predictable Crises of Adult Life. Dutton.

열아홉째 날 - 나이듦과 받아들임

필사 문장: "나이 드는 것의 특권은…"

- Sarton, M. (1973). Journal of a Solitude. W.W. Norton.

스무째 날 - 죽음과 삶의 의미

필사 문장: "죽음은 삶의 반대가 아니라…"

- Montaigne, M. de (1580). Essays. "To Philosophize Is to Learn to Die."

이야기: 스티브 잡스

- Jobs, S. (2005). Stanford Commencement Address.

- Isaacson, W. (2011). Steve Jobs. Simon & Schuster.

스물한째 날 - 의미 찾기

필사 문장: "삶의 의미는 발견되는 것이 아니라…"

- Frankl, V. E. (1946). Man's Search for Meaning. Beacon Press.

이야기: 빅터 프랭클

- Frankl, V. E. (1946). Man's Search for Meaning. Beacon Press.

스물두째 날 - 창조와 완벽주의

필사 문장: "완벽함은 행동의 적이다"

- Voltaire (1770). "La Bégueule" (The Prude). 시적으로 재해석

이야기: 어니스트 헤밍웨이

- Baker, C. (1969). Ernest Hemingway: A Life Story. Scribner.

- Hemingway, E. (1964). A Moveable Feast. Scribner.

스물세째 날 - 일과 정체성

필사 문장: "당신의 직업은 당신이 아니다"

- Palahniuk, C. (1996). Fight Club. W.W. Norton.

스물네째 날 - 자연과 회복

필사 문장: "자연 속으로 들어가면…"

- Muir, J. (1911). My First Summer in the Sierra. Houghton Mifflin.

이야기: 존 뮤어

- Wolfe, L. M. (1938). John of the Mountains: The Unpublished Journals of John Muir. University of Wisconsin Press.

스물다섯째 날- 상처와 취약성

필사 문장: "취약함은 약함이 아니라…"

- Brown, B. (2012). Daring Greatly. Gotham Books.

이야기: 레너드 코헨

- Cohen, L. (1992). "Anthem." The Future. Columbia Records.

- Simmons, S. (2012). I'm Your Man: The Life of Leonard Cohen. Ecco.

스물여섯째 날 - 기쁨과 알아차림

필사 문장: "기쁨은 찾는 것이 아니라…"

- Thích Nhất Hạnh (1975). The Miracle of Mindfulness. Beacon Press.

스물일곱째 날 - 자유와 책임

필사 문장: "자유란 책임을 의미한다"

- Shaw, G. B. (1903). Man and Superman. Preface.

스물여덟째 날 - 용기

필사 문장: "용기는 두려움이 없는 것이 아니라…"

- Mandela, N. (1994). Long Walk to Freedom. Little, Brown and Company.

이야기: 버지니아 울프

- Woolf, V. (1953). A Writer's Diary. Harcourt.

- Lee, H. (1996). Virginia Woolf. Chatto & Windus.

스물아홉째 날 - 진실과 거짓

필사 문장: "진실은 자유롭게 하지만…"

- Steinem, G. (1992). Revolution from Within. Little, Brown and Company.

이야기:

- The Hours (2002). Directed by Stephen Daldry. Paramount Pictures.

서른째 날 - 계속되는 여정

필사 문장: "끝이 아니다. 시작도 아니다"

- Jordan, R. (1990-2013). The Wheel of Time series. Tor Books.

영화 및 기타 출처

- Inside Out (2015). Directed by Pete Docter. Pixar Animation Studios.

- Normal People (2020). Based on the novel by Sally Rooney (2018). Faber & Faber.

- A Grief Observed (1961). Lewis, C. S. Faber & Faber.

- Requiem for a Dream (2000). Directed by Darren Aronofsky. Artisan Entertainment.

- Wild (2014). Directed by Jean-Marc Vallée. Based on the memoir by Cheryl Strayed (2012).

- The Hours (2002). Directed by Stephen Daldry. Paramount Pictures.

저자 주

본서에 인용된 모든 필사 문장은 원저자의 사상과 작품에 대한 깊은 존경을 바탕으로 선별되었습니다. 일부 문장은 시적 흐름과 독자의 이해를 돕기 위해 문체적으로 재구성되었으며, 이는 각 문장 뒤에 명시되어 있습니다.

모든 상담 사례는 내담자의 동의를 얻었으며, 개인정보 보호를 위해 이니셜과 세부 내용이 변경되었습니다.

밤이 당신에게 남긴 것들

꿈 일기와 필사로 깨어나는 30일

1판 1쇄 인쇄 2025년 12월 16일
1판 1쇄 발행 2025년 12월 22일

—

지음 문심춘

—

펴낸이 이석연
편집 그루칸출판사 편집부 디자인 DESIGN PURE
펴낸곳 그루칸출판사
출판 등록 2024년 1월 16일 제 2024-000022호
주소 경기도 남양주시 오남읍 양지로 320번길 8
전화 010-3151-2841 전자우편 wipoinfo@naver.com 인스타그램 grukan.publishing

—

—

ISBN 979-11-991109-8-4 04180
    979-11-991109-7-7 세트